지방자치

이슈로 풀다

〈개정판〉

지방자치

이슈로 풀다

경영 · 사회도서 53

2025 개정판

지방자치 이슈로 풀다

최호택 지음

배재대학교 출판부

〈개정판〉

지방자치

이슈로 풀다

인 쇄 ‖ 2025년 01월 25일

발 행 ‖ 2025년 01월 31일

지은이 ‖ 최호택

발행인 ‖ 김 욱

발행처 ‖ 배재대학교 출판부

35345 대전광역시 서구 배재로 155-40(도마동)

전 화 ‖ 042-520-5657 /

팩 스 ‖ 070-4850-8407

홈페이지 ‖ http://library.pcu.ac.kr/press

ISBN 978-89-6332-151-6

정가 13,000원

| 개정판 머리말 |

지방자치 이슈로 풀다 초판이 출간된 지 오랜 세월이 지났다. 그동안 지방자치 분야에 많은 변화가 있었다. 2020년 12월 9일 통과되어 2022년 1월 13일 시행된 지방자치법 전부개정안은 주민참여 확대, 지방의회 역량 강화와 책임성 확보, 지방자치단체 행정 효율성 강화 등 획기적으로 자치분권 확대가 가능한 기반을 마련하게 되었다.

정치권에서는 44년만의 비상계엄 선포와 대통령의 탄핵소추, 여소야대 속 탄핵정국과 의정갈등 등 큰 혼란도 있었다.

사회적으론 코로나19 팬데믹과 이태원참사, 무안국제공항 참사 등으로 국민들이 고통 속에 세월을 보내기도 했다.

이런 격동의 시기에 필자는 신문 칼럼, 방송 출현, 대중 강의 등을 통하여 시대변화에 보탬이 되고자 노력했었다. 요청이 있었을 때 거부하지 않고 참여 했었다. 이것이 필자에게 주어진 시대적 임무라 생각했다.

보강된 내용은 만족스럽진 않지만 최선을 다해 우리사회에 닥친 문제에 대한 해법을 찾고자 노력했다는데 보람을 느낀다.

을사년 새해가 밝았다. 정치, 경제, 사회 어느 곳 하나 순탄한 것 없는 대 혼란의 시기이다. 문제는 정치다. 권력구조 개편, 지방분권형 개헌으로 전화위복의 새해가 되길 소망해 본다.

머지않아 겨울은 가고 봄이 오면 꽃은 다시 만개할 것이다.

2025년 1월 최호택

| 서 문 |

책을 펴내며

"글씨를 잘 쓴다는 것이 행운의 열쇠였습니다."

필자는 전북 장수의 산골마을 빈농에서 태어났지만 종손 · 장남이라는 이유 때문에 중2때 교육의 도시 청주로 전학을 간 후 유학생활을 시작했습니다. 갑작스러운 환경의 변화로 많은 방황의 시간을 보냈고, 유일한 즐거움은 고향친구들과의 편지 왕래였습니다. 특히 여자 친구들에게 편지를 보내기 위해서는 책을 많이 읽어야 했고, 글씨도 정성스럽게 써야 했습니다. 그렇게 중 · 고등학교 시절을 보냈습니다.

대학진학 후, 각종 보고서와 시험답안 작성도 그간의 습성 때문이었는지 내용보다는 글씨에 정성을 쏟았습니다. 군 복무를 마치고 공무원시험을 준비하기 위해 도서관에서 진을 치고 있었을 때 누군가 저를 찾아 왔습니다. 그 분은 모교수님 연구실에서 박사논문을 준비하시는 시간강사였습니다. 요지는 교수님 연구실에서 조교생활을 해보겠느냐는 것이었고, 시간이 지나고 나서야 알게 된 사실이지만 자신의 박사학위논문 필사요원이 필요했던 것입니다. 저는 고민을 많이 했습니다. 제가 모셔야 하는 분께서는 전국적으로도 유명한 학과교수님이기도 하였지만 대학총장님이었기 때문입니다. '장수 촌놈이 언제 장관급 대학총장님을 모실 수 있을까' 라는 생각으로 연구실조교 근무를 결정하였습니다.

그렇게 연구실 학생조교가 된 필자는 많은 경험을 시작하게 되었습니다. 빨간 카펫이 깔린 도서관 5층의 연구실은 제가 지금 사용하는 연구실보다

족히 3배가 되고도 남는 큰 공간 이었습니다. 그곳에서 필자는 아침 8시부터 시작되는 연구실 청소, 스케줄관리, 손님접대, 전화받기, 수업참여, 논문자료준비, 그리고 밤샘 박사학위심사논문 필사 등을 하며 학창시절을 보냈습니다.

그때 그 연구실 주인께서는 청주고, 연세대(학사), Wisconsin대(석사), New York대(박사)를 졸업하시고, New York 시립대 교수, 연세대 교수, 청주대 총장, 전주대 총장 등을 역임하신 분으로, 당시 Korea Times에 사설을 쓰셨고 청주MBC에서 시사프로그램을 진행하셨습니다. 또한 재무행정론, 병원행정론, 도시론 등 수많은 저서활동을 하셨던 학계에서는 유명하신 행정학 1세대 학자이셨습니다.

필자가 다된 취업을 포기하고 대학원 진학과 외국유학을 다녀와 학자의 길을 걷게 된 것도 바로 그 분을 닮고 싶었기 때문이었습니다. 지금도 저는 힘들고 어려울 때면 그때, 그 시절, 그분께서 하셨던 일들을 떠올리며 용기를 얻곤 합니다. 배운 버릇 남 못준다는 말이 있는데 그분께서 걸으셨던 그 길을 하나하나 닮아가는 내 모습을 보면서 그 말을 실감하고 있습니다.

제가 신문과 처음 인연을 맺은 것은 성결대 교수가 되었던 2002년 3월 한빛일보와의 인연이었고, 방송매체와의 인연은 2003년 이원종 충북지사의 도정운영평가를 시민단체와 집행하면서 시작되었습니다. 2004년 대전으로 대학을 옮기면서 중도일보의 제안으로 시사칼럼을 시작했고, 염홍철 대전시장의 시정평가를 계기로 자연스레 방송매체에도 참여하기 시작했습니다. 지난 20여 년 동안 100여 편의 칼럼을 게재했고, TV와 라디오 시사프로그램을 진행했고, 각종 언론매체에 정치 및 시사평론가로 활동하고 있습니다.

본 저서도 그동안 칼럼으로 게재되었던 것들을 모아 엮은 것입니다.

처음으로 편찬하는 칼럼 모음집이기에 시기적으로 맞지 않은 주제와 내용들도 있습니다. 하지만 어떤 문제가 이슈로 되었을 때, 필자는 그 문제들의 본질을 파헤치고 해결하기 위해 나름 고민하고 숙고하여 최선의 대안을 제시하고자 노력하였습니다. 이것으로 여러모로 부족한 본서의 이해를 구합니다. 그럼에도 불구하고 아직도 두려운 것은 졸고로 큰 은사님의 명예에 먹칠이나 하지 않을까하는 것입니다.

마지막으로 교재가 편찬되기 위해서는 많은 분들이 헌신과 노력이 있었습니다. 원고의 수집과 정리를 위해 수고한 박원태박사님과 한진걸의원님, 그리고 늘 나에게 힘이 되어주는 사랑하는 아내 박미형, 유학중인 딸 영미, 든든한 나의 아들 용욱에게 고마움의 인사를 전합니다. 또한 교재가 출간되기까지 많은 후원을 해주신 배재대학교 출판부와 임직원들에게도 깊은 감사를 드립니다.

2018년 12월

저자 최호택

목 차

Chapter 1. 지방자치

[2025년 신년인터뷰] 지방자치의 과제 · 10
풀뿌리 민주자치의 강화, 자치분권의 방향 · 14
통계로 본 국가균형발전의 필요성 · 17
지방을 살려야 대한민국이 산다 · 20
일본, 프랑스와 반대인 행정개편 방향 · 22
새 정부 행정혁신과 지방정부의 대응 · 25
주민참여예산제, 지방의회 권한침해 아니다. · 28
성숙된 주민자치센터를 위하여 · 31
남은 한 해'분권'만큼은 챙겨라 · 34
지방공무원 감축방식 문제 있다 · 37
자치발전을 위한 중간평가가 필요하다. · 40
민선자치에 대한 대전시민들의 생각 · 43
시민단체가 사는 길 · 46

Chapter 2. 정부간 관계

아이는 국가가 키우는 것이다 · 52
ESG 경영, 이제는 선택이 아닌 필수 · 55
밥상머리 교육이 효의 원천 · 58
수도권규제 완화정책, 제 정신인가? · 61
대수도론은 국가를 망하게 하는 지름길 · 64
수도권 규제완화, 정부가 미쳤다 · 67
정부여당, 충청권 홀대 도 넘었다 · 70
지방정부 중심의 재난대응체계 구축되어야 · 73
도-시군 상생발전과 인사교류 · 76
화력발전 지역개발세 과세 명분 있다 · 79
충남도청 이전부지 활용의 해법 · 82

과학벨트, 충청권외 대안 없다 · 85
경찰, 변해야 산다. · 87
남북 주민 간 동질성 회복 · 90
다산(多産)이 미덕이다 · 94

Chapter 3. 지방정부

'대전 0시 축제' 그 성공의 조건 · 100
대전의 정치와 미래 · 103
대전시 공직부패에 대한 처방 · 106
세종특별자치시, 그 성공의 조건 · 109
지방공기업 사장 인사의 방향 · 112
대전시민 의식조사 의미 · 115
보령머드축제엔 희망이 있었다 · 117
도시농업운동의 메카, 대전을 꿈꾸며 · 120
도시농업으로 얻어지는 행복 · 123

Chapter 4. 지방의회

지방의회, 갑질교육이 필요한 시점 · 130
지방시대, KATIA의 탄생과 기대 · 133
의정활동의 꽃·종합예술, 행정사무감사 · 136
지방의회의 평가와 나아갈 방향 · 139
지방의회 해외연수 해법은 · 142
지방의회 선진화 프로젝트 · 145
지방의회여! 기죽지 말고 당당해라 · 148
대전광역시의회여! 서구의회를 본받아라. · 151
지방의회 급여결정 누가 어떻게 해야하나? · 154
이번 후반기 의장단 구성이 지방자치 미래를 결정한다. · 157

Chapter 5. 정치개혁

국난극복, 개헌이 답이다 · 162
22대 총선의 의미와 우리의 역할 · 165
선수에게 심판을 맡길 수 없는 것이다 · 169
2023년 추석민심보고 · 172
대전 국회의원 선거구 증설 논의와 그 해법 · 175
이태원참사와 국가의 미래 · 178
선거는 나의 미래를 선택하는 것이다 · 181
대선과 지방소멸 해법 · 184
선거와 국민행복 · 187
유권자의 날, 책임정치를 생각한다 · 190
대전7030과 정치시스템의 재설계 · 193
미래정치 아카데미 · 196
정치입문의 7가지 조건 · 199
국회의원들에 대한 평가는 반드시 필요하다 · 203
기초지방선거 정당공천제 문제 있다 · 206
정치인 출판기념회의 의미 · 209
바른 후보자 고르기 · 212
난 히딩크형 후보자를 지지한다. · 215
"無"선거 피해는 결국 유권자의 몫 · 216
결국 매니페스토 정책선거는 유권자의 몫이다 · 219
윤리·도덕지심을 바로 세워야 하는 이유 · 221
바람직한 19대 대선이 되려면 · 224
대통령 인수위원회에 바란다 · 227
지금부터의 공천이 총선 성패 가른다 · 230
정치개혁논의, 지금이 적기다 · 233
참! 좋은 교육감 선택하기 · 236
성공적인 직선제 대전교육감 선거의 조건 · 239

| chapter 1 |

지방자치

[2025년 신년인터뷰] 지방자치의 과제

지방자치제 부활 이후 본격적으로 제도가 시행된 지 30년이 지났다. 전국적으로 지역주민이 직접 광역단체장과 기초지자체장, 광역・기초 의원을 동시에 선출한 제1회 전국동시지방선거 실시가 1995년이니 우리나라 본격 지방자치제의 나이는 올해로 서른이 된다. 사람 나이로 치면 이립(而立), 마음이 확고하게 도덕 위에 서서 움직이지 않는 나이지만 지방자치제의 입지는 여전히 불안하다는 평가가 지배적이다. 물론 그간 8차례에 걸친 선거를 통해 풀뿌리 민주주의 실현의 역사도 차곡차곡 쌓이면서 기초체력이 형성됐지만 법・제도적 뒷받침이 미약한 탓에 여전히 자립 기반을 마련하지 못했다. 지방자치제가 온전한 반석 위에 놓이려면 자치입법권과 자치재정권, 자치조직권 등을 통한 지자체의 자율성이 보장돼야 하는데 여전히 우리나라 지자체는 강력한 중앙집권적 법・제도 탓에 '지방정부' 로서의 역할을 수행하지 못하고 있다.

최호택 배재대 행정학과 교수를 만나 우리나라 지방자치제의 발전과제에 대해 의견을 들어본다.

◆ 지방지치제의 현주소를 진단한다면

"2할 자치 그 이상도 이하도 아니라고 생각한다. 2022년 1월 13일 지방자치법 전부개정 시행 등 많은 제도적인 개선노력과 지난 30년의 경험에도 불구하고 중앙정부의 권한은 여전히 강하고, 재정 자립도가 낮아 지방정부의 독자적인 정책 추진이 어려운 실정이다. 특히 지역 불균형 발전과 수도권 집중 현상이 심화되며 지방소멸 위기가 현실화되고 있어 보다 강력한 지방분권정책이 시급한 상황이다."

◆ 지방자치제가 법·제도적으로 뿌리를 내렸다고는 하나 여전히 부족하다는 평가가 지배적이다. 지자체의 역할을 지방정부 수준으로 끌어올려야 한다는 요구가 많은데

"법과 제도의 개선과 반드시 같이 가야 하는 것이 재정분권인데 현실은 그렇지 못하다. 그렇다보니 지방재정은 점점 약화되고 경직성 예산 증가로 지방자치단체의 자율성은 떨어 질 수밖에 없는 현실이다. 그리고 자체 사무비중은 적고 국가로부터 위임받은 사무는 과다해 지방공직자들의 자존감을 떨어트리고 있어 보충성에 의한 사무재분배와 그에 합당한 재정분권이 필요하다."

◆ 그 방법론으로 가장 먼저 개헌을 통해 지방분권의 기틀을 잡아야 한다는 견해도 나온다

"반드시 지방분권형 개헌이 필요하다고 본다. 우리 헌법에 지방자치와 관련되는 법조항은 117조와 118조가 전부다. 우리나라가 제대로 된 지방자치를 실행하기 위해서는 헌법 제1장 총강 제1조에 3항을 신설해 '대한민국은 지방분권국가를 지향한다'고 명기하고 관련 법조항을 대폭 보강해야 한다."

◆ 같은 맥락에서 지역정당 도입 주장도 활발하게 표출되고 있는데

"중앙당이 주도하는 구조에서 벗어나 지역의 실질적 목소리를 대변하는 정당이 지역정당이라고 할 때 이는 반드시 필요하다고 생각된다. 동네 교차로에서 매일 마주하는 전국 동일의 정당현수막을 보면 그 필요성에 공감하리라 본다. 지역정당제 도입은 지역의 자치권을 강화하고 정치 다양성을 확보할 수 있게 해 준다. 지방분권을 촉진하는 계기가 될 것이다."

◆ 지방분권과 국토균형발전이 정치권 키워드로 자리잡았는데 현 정부의 지방시대전략에 대해 평가한다면

"윤석열정부는 '어디에 살든 균등한 기회를 누리는 지방시대'를 비전으로 내걸고 지방소멸 위기 대응과 균형발전 달성을 목표로 다양한 정책을 추진하고 있는데 실질적 성과와 지방소멸 위기 대응에는 여전히 한계가 있다. 지방 주도의 발전을 실현하기 위해서는 과감한 규제개혁, 일자리 창출, 생활 인프라 개선, 재정 격차 해소 등 구체적이고 지속가능한 정책이 뒷받침돼야 할 것으로 판단된다."

◆ 지방자치는 시대적 조류이지만 지방권력을 강화하는 것은 시기상조라는 지적이 있는데

"30년전부터 해오던 중앙의 궤변이다. 지방자치단체의 사무중 80%가 위임사무이다. 지방공무원이 잘 수행하고 있다. 더 잘할 수 있는데 권한은 없고 책임만 져야하는 구조가 생산성을 떨어트리는 원인이다. 보충성원칙에 입각한 사무배분과 재정분권을 통해 지방자치를 강화시켜 나가야 한다. 그래야 작금의 중앙정치의 위기 속에서도 우리가 정국안

정과 지속가능한 성장을 이뤄낼 수 있을 것이다. 구더기 무서워 장 못 담글까."

◆ 행정체제 개편 역시 주요 이슈 중 하나인데 어떤 생각인가

"행정환경은 급격히 변화하고 있다. 인구구조의 변화, 경제구조 전환, 교통과 통신의 발달, 지방자치단체의 재정 양극화 등. 이러한 상황을 바탕으로 고민할 때, 수도권 집중현상 완화에 기여하고, 인구구조 변화에 대응할 수 있으며, 모든 주민의 삶의 질 보장에 기여하기 위해서는 권역별 성장거점 육성·강화를 통한 다극체제형성(예, 충청권 행정통합), 자치단체 통합·연계를 통한 경쟁력확보(예, 기초통합, 메가시티), 자치단체 계층·기능 고도화를 통한 행정효율성 제고(기능조정, 자치계층) 등의 방향으로 나아가야 할 것으로 본다."

◆ 지방자치제의 발전을 위해 가장 시급히 해결해야 할 과제를 꼽는다면

"우리 지방자치의 발전을 위해서는 가장 먼저 지방분권형 개헌이 필요하고, 지방소멸위기를 극복하고 수도권일극체제를 탈피하기 위한 행정체제개편이 중요하다. 여기에 보충성의 원칙에 입각한 사무재배분과 재정분권강화, 주민들의 적극적인 행정참여가 필요하다. 지방자치단체장과 지방의원에 대한 정당공천을 배제해 주민의 목소리에 귀 기울이는 민본자치를 구현하고 정치적 다양성을 확보해야 한다."

금강일보 2025. 1. 1. 신년인터뷰

풀뿌리 민주자치의 강화, 자치분권의 방향

"연방제에 버금가는 강력한 지방분권 공화국을 만들겠습니다."

문재인대통령이 대선후보시절부터 최근까지 수차례 강조한 자치분권에 대한 의지의 표현이다. 왜, 대통령께서 분권만이 살길이라고 강조하셨을까? 아마도 그 이유는 첫째, 지난 60여년간 압축적 경제성장을 위해 중앙정부가 정책기획을 담당하고, 지방은 단순히 집행하는 국가운영모델의 한계에 직면한 현실, 둘째, 2006년 국민소득 2만불 달성 후 장기 저성장으로 11년째 3만불에 밑도는 경제적 현실, 셋째, 인구·자본 등의 수도권 집중 가속화로 인한 생산능력과 문화시설 등 주민정주여건의 수도권 집중화 현상, 넷째, 주민수요에 둔감한 국가 중심의 획일화된 공공서비스 제공과 생활현장을 중심으로 한 국민의 참여욕구 증대 등을 고려한 선택이었을 것이다.

그런데 문제는 우리나라가 현재 처해 있는 지방분권의 여건과 그 수준이다. 헌법에 자치사무, 자주재정권 등 지방자치 핵심내용이 반영되지 않고 대부분 법률에 위임되어 형식적 수준의 자치권만을 보장하고 있는 제도도 문제일 뿐만 아니라 지난 20여년 넘게 민선자치를 경험하면서 일부 자치단체이긴 하지만 전문성부족과 방만한 운영으로 국민들은 아직도 지방자치에 대한 불안감을 갖고 있는 것도 현실이다.

그럼에도 불구하고 '95년 민선자치이후 20여년간 축적된 자치경험과 높은 교육수준에 따른 국민의 참여욕구 증대, 전문가들의 지방분권에 대한 지속적인 요구, IT기술을 기반으로 한 안정적 인프라 및 경쟁력의 보유, 그리고 4차 산업혁명시대 지능정보기반의 창의적 융합・혁신에 대한 높은 관심 등은 연방제 수준의 자치분권을 실현하기에는 충분한 여건이 조성됐다고 판단된다.

그렇다면 어떤 방향으로 나아가는 것이 좋을까? 첫째, 헌법상 지방자치의 내용을 구체화하는 것이 필요하다. 헌법상 단 2개 조문(제117조, 제118조)만으로 규정하고 있는 지방자치의 내용을 구체화하여 지방분권이 국정운영의 기본방향임을 천명하고, 지역의 여건과 환경에 맞는 지방자치가 가능하도록 자치입법권의 확대와 지방의 독립적 사무수행의 보장, 자주재정권의 보장 등에 관한 사항을 구체적으로 규정하여야 할 것이다.

둘째, 중앙권한의 획기적인 지방이양이 필요하다. 이를 위해 정부간 사무 배분기준 정립 및 독립성 보장과 교육・치안・지역경제 등 주민생활과 밀접한 핵심기능을 포괄적으로 이양되어야 할 것이다.

셋째, 강력한 재정분권의 추진이 필요하다. 대통령의 공약에서 밝힌 것처럼 현행 8:2인 국세와 지방세의 비중을 7:3을 거쳐 6:4로 개편하여 지방재정을 확충하고, 이로 인해 발생할 수 있는 지역 간 재정격차완화를 위한 균형 장치와 자율과 책임이 담보된 지방재정 운용기반도 마련해야 할 것이다.

넷째, 자치단체의 자치역량도 제고 되어야 한다. 이를 위해서는 주민의 대의기관으로서 지방의회의 권한과 지방의원의 전문성이 제고되어야 함은 물론, 자치단체 조직·인력 운용의 독립성 확대, 유능한 지방공무원의 양성, 투명한 행정정보공개와 결과에 책임지는 시스템을 마련하는 등 다각적인 노력이 필요하다.

마지막으로, 풀뿌리 주민자치의 강화가 필요하다. 주민들의 자치역량 제고를 통하여 낮은 단위(마을, 읍·면·동)의 자치기반을 강화하고, 지역 정책결정 과정에 주민들의 숙의(deliberative)에 기반한 실질적 참여가 확대될 때 그동안 쌓였던 지역의 문제들을 해결할 수 있을 것이다.

그동안 지방의회에 대한 지역민들의 시선이 곱지 못했던 것이 사실이다. 차제에 자치분권에 대한 적극적인 준비와 대응으로 지역의 주인인 지역민들로부터 믿고 사랑받는 의회로 거듭나길 기대해 본다.

대전광역시의회 의정소식 2017 동권 제83호.

통계로 본 국가균형발전의 필요성

“우리나라는 지금 저성장 · 양극화, 저출산 · 고령화 그리고 지방의 황폐화라는 말이 난무하고 있는데 지방의 소멸을 막을 수 있는 방법은 무엇인가요?” 라고 묻는다면 필자는 주저 없이 “국가차원의 균형발전 전략과 강력한 지방자치분권이요” 라고 답할 것이다.

주지(周知)하는 바와 같이, 우리나라의 지역 간 격차, 특히 수도권과 지방의 격차는 전 세계 어디에서도 찾아볼 수 없는 수준이다. 조목조목 예를 들어 따져보자면, 수도권은 국토면적의 12%에 불과하지만 인구는 49.5%에 이르고('15, 통계청), 우리나라 1,000대 기업의 본사는 73.6%('16, 부산상공회의소), 고용보험 신규취득자수는 60.8%가 수도권에 분포해 있다('17.11, 통계청).

지방자치단체의 경제규모와 성장지표를 나타내는 지역내 총생산(GRDP: Gross Regional Domestic Product) 증가율의 경우 2000년 이후 비수도권은 지속적으로 수도권을 밑돌고 있을 뿐만 아니라, 지방자치의 근간이라 할 수 있는 재원(財源)의 경우에도 전체 지방세의 54.5%, 국세의 55.1%가 수도권에 집중되어 있다. 주요 신용카드사 개인회원 사용금액의 81%가 수도권에 집중되어 있고('15, 한국은행), 지방중소도시의 부동산 가격은 수도권지역 평균의 55% 수준에 그치고 있다('17년,

통계청).

보건복지, 생활서비스, 교육, 문화여가, 생활안전시설 등 서비스 접근성도 아주 취약한 형편이다. 226개 기초자치단체중 34개는 응급의료기관이 전무하고, 34개는 1시간 내 신생아를 분만할 수 있는 의료기관이 부재한 실정이다('17, 보건복지부). 지역 학생 수 감소에 따른 지역의 폐교비율도 수도권(1.8%)에 비해 전남(21.9%), 경북(19.1%), 경남(15.2%)이 현저히 높게 나타나고 있다('16, 교육부). 문화여가도 수도권 집중현상을 보이고 있는데 전시 횟수는 55.5%, 공연예술 횟수는 65.4%가 수도권에 집중되어 있는 현실이다('16, 한국문화예술위원회).

우리나라는 가끔 새롭게 대두되는 문제들이 성장의 발목을 잡는 경우가 있다. 우리경제는 외환위기 등을 거치면서 경제성장율 둔화 및 저성장이 고착화되었고, 가계의 소득격차 확대와 기업의 수도권 이전 집중현상이 나타나면서 양극화가 심화되고 있다. OECD 최하위 수준의 출산율(한국 1.17명, 프랑스 2명, 미국 1.9명, 일본 1.4명)로 인구절벽 쇼크가 현실로 다가오고 있고, 226개 기초지방자치단체 중 85개(37%)는 향후 30년 이내에 소멸 위기에 놓일 것이라고 한다. 또한 지역 전통적 주력사업의 경쟁력 약화와 우수한 지역인재의 수도권유출로 수도권과 지방의 지역경제력 수준차이는 더욱 심화될 전망이다.

그렇다면 이런 문제들을 먼저 경험한 선진국들은 어떤 대책을 시행하고 있을까? 이웃나라 일본은 인구감소와 고령화에 대응하기 위해 범정부 차원의 강력한 균형발전정책을 추진하고 있고, 영국은 지역민관협의체(LEP: Local Enterprise Partnership)와 중앙정부간 협력을 통해 지원사업 · 규모를 결정하는 지역성장협상과 분권협상을 도입하여 운영하고 있다. 그리고 프랑스는 사업계획 수립권한을 지방으로 이양하여 지역자율성을 보장하되 중앙-지역 간 계획계약(포괄지원협약)을 통해 안정적인 재원확보를 담보하고 있다. 즉 선진국들은 이러한 문제를 해결하고 경제성장과 사회통합을 이루기 위한 대책으로 강력한 국가균형발전을 추진하고 있다.

우리도 급변하는 환경에 능동적으로 대처하고, 온 국민이 골고루 잘 살고 행복한 사회가 되기 위해서는 국가의 균형발전과 강력한 지방분권을 통해 지역주도의 자립적 성장기반을 마련하여야 할 것이다. 그런데 문제는 현재의 중앙집권식 국가운영방식과 법체계를 가지고는 안 된다는 것이다. 지역의 경쟁력 제고와 자립적 성장기반을 견인할 새로운 제도가 필요하다.

지방자치 분권형 개헌, 국가균형발전의 출발이고 국민행복의 시작이다. 국회와 정치권은 더 이상 당파싸움으로 국민들을 힘들게 하지 말고, 개헌논의를 시작해주길 간절히 소망하는 바이다.

대전광역시의회 의정소식 2018 통권 제88호.

지방을 살려야 대한민국이 산다

지방정부들이 지금 뿔났다. 출범 1년을 맞은 박근혜 정부가 대선에서 공약한 수도권과 지방의 균형발전은 실종되고 수도권의 각종 규제를 푸는 데만 신경을 쓰고 있기 때문이다.

이에 따라 '내놓은 자식' 취급을 받는 지방에서 박근혜 정부 출범 1년 동안 국정과제에서 사라진 균형발전정책에 대한 성토가 이어지고 있다. 새 정부 출범 1년이 지난 시점에서도 전혀 구체화되지 않고 있는 지역발전대책을 '3월 중 내놓겠다'는 정부 발표만 있을 뿐 또 다시 내놓은 자식에게 떡 하나 나누어주는 게 아니냐는 불만이 커지고 있다. 특히 박근혜 정부가 요즘 들어 창조경제와 일자리 창출이라는 명목으로 수도권 규제완화에 신경을 쓰고 있어 지방민들이 배신감을 느끼고 있다.

우리는 박근혜 정부가 이명박 정부와 마찬가지로 투자 활성화 등 경제 활성화라는 구호에만 집착해 수도권 규제를 풀거나 완화하는데 공을 들이고 있는 것에 대해 큰 우려를 표한다. 지금 균형발전을 위한 박근혜 정부의 정책은 고사하고 국정철학조차 가시화되지 않은 상황에서 지방이전 입지보조금 단계적 폐지와 그린벨트 해제 등을 통한 도시첨단산업단지 확대 조성(수도권 포함), 비수도권에 적용되는 미니 외국인

투자단지의 수도권 확대와 같은 직·간접적인 수도권 규제완화 정책이 추진되고 있는 것은 가뜩이나 격차가 심한 지방을 완전히 말살하는 정책이다.

엊그제 전국균형발전 지방정부협의회가 배재대에서 연 수도권 규제 완화 정책 대토론회에서 최호택 배재대 교수는 '국가균형발전특별법' 이 사실상 사문화돼 수도권과 지역 간 소득 격차가 벌어지고 있다고 주장했다. 최 교수는 "수도권과 지역, 지역 간 격차는 1960~70년대 정부의 특정 지역 경제성장 정책에 따른 것이었으나 98년 외환위기 이후에는 사회적으로 양극화가 확대되면서 지역 간 소득 격차가 심각한 수준으로 확대됐다" 며 "'경제성장과 산업발전에 장애가 된다' 는 논리로 정부가 수도권 규제를 완화하면서 공장 입지는 물론 대학, 금융, 공공시설 등까지 완화 범위가 확대됐고, 이에 따라 수도권과 지역 격차를 줄이지 못하고 있다" 고 밝혀 공감대를 형성했다.

토론회에서 해결방안으로 "수도권 규제는 지방의 상생발전을 위해 접근해야 하므로 규제를 제조업 중심에서 서비스산업으로 변경하고, 세금 등 간접규제 방안 및 공공투자 한도제 등을 도입하여 실질적인 지방분권과 지방재정력 강화 정책을 조속히 시행해야 한다" 고 제안한 점을 정부는 실천해야 할 것이다. 지방을 살려야 대한민국이 산다. 대한민국은 수도권 공화국이 아니다.

2014. 2. 26. 금강일보 사설

일본, 프랑스와 반대인 행정개편 방향

요즘, 정치권의 오랜 화두 중 하나인 지방행정구역 개편논의가 활기를 띠고 있다. 요는 현재 246개의 자치단체를 통폐합하여 70여개로 광역화하자는 것이다. 민주당이 먼저 제안했고, 한나라당과 청와대가 취지에 공감하면서 논의의 속도에 불이 붙었다. 여야가 모처럼 의견일치를 본 사안이기에 이를 지켜보는 국민들과 관계전문가들은 더욱 관심을 보이고 있다.

물론, 현 행정구역체제가 1910년 한일합방 직후의 기본 틀을 유지하고 있어 시대적 흐름에도 맞지 않고 비효율적인 측면이 많아 개편해야 한다는 것에는 필자도 공감하지만 현재 전개되고 있는 정치권의 논의에 대해서는 의문을 제기하지 않을 수 없다. 필자 생각에는 지금 논의되고 있는 것들은 국민보다는 정치인을, 지방보다는 중앙을 위한 측면이 강하기 때문이다.

현재, 우리보다 앞선 지방자치 선진국이라 할 수 있는 일본, 독일, 프랑스 등에서도 이 같은 논의가 진행되고 있다. 이웃 나라인 일본에서는 중앙정부와 47개 도도부현(都道府縣)으로 이루어진 지방행정 체제를 10개 안팎의 도(道)와 주(州)로 재정비하는 '지역주권형 도주제'를 추진하고 있고, 독일은 16개 주(州)를 7-9개의 광역주로 개편논의가 한창이며, 프랑스는 현재 22개로 나뉜 지방행정단위를 6개의 대지역으로 통합하는 안이 추진되고 있다. 이는 행정체제 개편을 통해 광역자치단체의 권한을 강화시킨다는 입장에서 볼 때, 현재 우리 정치권에서 논의되고 있는 개편안과는 정반대의 흐름을 보이고 있다.

지방행정구역 개편은 주민의 삶의 터전이자 문화의 바탕을 이루는 지역사회 정체성에 심대한 변화를 초래하는 것이므로 주민과 주민의 대표기관인 지방의회의 의견이 중요하다. 그러나 현재 정치권에서 제기하는 안에는 이런 주민의견수렴의 절차가 빠져있는 문제점을 갖고 있다. 또한 이런 개편논의의 출발점인 지역주의 타파는 행정구역의 문제보다는 중앙정치인들이 선거 때마다 지역을 볼모로 이용한 결과이기에 타당성이 없다. 확실한 분권 로드맵(Road Map) 없는 지방정부의 단층화는 심각한 정보왜곡과 중앙집권을 가속화 시키는 원인이 될 수 있다. 지방자치의 생명은 그 지역사회의 역사와 전통을 바탕으로 고유색체를 나타내는 것이고, 주민들의 의사가 지방행정에 반영되는 것인데 인위적으로 금을 긋는 것은 지역공동체를 파괴하는 것이다.

따라서 정부와 정치권에서는 이런 지방행정구역 개편논의에 신중을 기해야 할 것이다. 필자는 정부와 정치권의 지방행정구역 개편논의의 방향에 대하여 다음과 같이 몇 가지 제안을 하고자 한다. 첫째, 현 지방자치의 문제점은 지방분권의 부족에 기인하고 있기에 이런 개편논의에 앞서 지방분권에 대한 확실한 로드맵을 제시해야 한다. 만약 이것이 선행되지 않는다면 신중앙집권의 시나리오로 밖에 이해될 수 없을 것이다. 둘째, 지방자치의 핵심은 효율성이 아니라 민주성에 있기에 이런 개편논의의 당사자인 자치단체와 지역주민의 의견을 최대한 반영하여 추진해야 한다. 셋째, 지방행정개편과 관련한 세계적인 추세는 행정단위(권역)를 광역화하는 것이 아니고 광역행정체제로 개편하는 것인 만큼 이것과도 보조를 맞출 필요가 있다. 마지막으로 이런 개편논의는 당리당략(黨利黨略)과 집단이기주의에 강한 정치권에서 시작되는 것보다는 전문가그룹인 학계에서 신중하고 체계적으로 진행되는 것이 혼란을 줄일 수 있다.

최근, 나라경제가 상당히 어려운 실정이다. 물론 국내요인보다는 국외적인 요인에 의한 것이긴 하지만 정부와 정치권이 협력해서 경제살리기에 온 힘을 쏟아야 할 때이다. 지금과 같이 정치권과 학계, 그리고 각 지방자치단체가 행정구역개편 논의에 개별적이고 경쟁적으로 대응한다면 국익에 도움을 주기 보다는 국력손실과 갈등만을 부추기는 결과를 가져올 것이다. 장기적인 비젼을 가지고 합리적으로 진행하는 혜안(慧眼)이 필요한 시기이다.

2008. 9. 23. 중도일보 시사에세이

새 정부 행정혁신과 지방정부의 대응

요즘 제17대 대통령직 인수위원회의 활동을 보고 있노라면 이명박 정부의 정부혁신은 참여정부의 정부혁신보다 훨씬 더 강도가 세질 것이란 판단이 든다. 이러한 변화의 시기에 지방정부가 성공적으로 대응하기 위해서는 이에 대한 철저한 사전준비가 필요하다. 행정혁신이란 국가경쟁력과 고객만족도 제고를 위해 과거와는 다른 새로운 행정관행을 정부부문에 도입하고 제도화해 나가는 일련의 총체적·지속적 변화 활동이다.

참여정부의 정부혁신이 주로 성과중심의 행정시스템 구축과 정부조직·기능의 재설계를 통한 효율적인 정부, 서비스 전달체계 개선과 고객지향적 민원제도 개선을 통한 봉사하는 행정, 행정의 개방성 강화와 행정행위의 투명성 제고를 통한 투명한 행정, 시민사회와의 협치 강화를 통한 함께하는 행정, 공직윤리의식 함양을 통한 깨끗한 행정에 치중했다면 새 정부 정부혁신의 기본방향은 각종 규제완화와 시장지향적 행정을 통한 작지만 유능한 창조적 실용주의 행정이 될 것으로 생각된다. 그렇기 때문에 지방자치단체에서는 이러한 새 정부의 정책기조에 맞춰 새로운 지방행정혁신전략의 추진이 필요할 것이라 사료된다.

필자는 그동안 지방행정혁신의 조언자이자 평가자의 입장에서 몇 가지 지방정부의 대처전략에 대해 제언하고자 한다.

첫째, 자치단체장의 이명박 정부의 혁신에 대한 이해와 전폭적인 지원이 뒤따라야 한다. 혁신은 힘이 있어야 실효성이 있는 만큼 혁신부서의 강화와 혁신추진인력을 잘 선발하는 것이 중요하다. 지역의 전문적인 자문그룹과의 미팅을 정례화해 지역 특수성을 감안한 혁신의 전문성과 지속성을 확보해야 할 것이다. 둘째, 참여정부에서의 지방정부 행정혁신에 대한 지역적인 평가와 정리가 필요하다. 혁신은 새로움을 추구하는 것이지만 무에서 유를 창조하는 것은 아니기 때문이다.

지난 5년간 자치단체는 지속적인 노력과 혁신을 통해 나름대로 그 지역의 특수성을 바탕으로 노하우를 갖게 됐다. 아무리 정권이 바뀐다 해도 큰 틀에서의 변화는 없을 것이다. 그러므로 참여정부에서 추진했던 혁신의 성과와 과오를 객관적으로 평가하고 그 결과를 구성원과 함께 논의해 새로운 개선안을 도출하는 자리가 필요하다. 또 그동안의 혁신성과에 대한 주민들의 체감도와 만족도를 분석해 대응전략도 세워야 한다. 마지막으로 현재 자치단체의 주요정책과 새롭게 시작하는 이명박 정부의 정책을 면밀히 확인하고 분석해 향후 추진해야할 행정혁신의 방향을 모색해야 한다.

즉 새 정부가 어떤 비전과 실천목표를 가지고 있는지, 그것들이 지방정부와 어떤 관계가 있는지를 면밀히 검토하고 우리지역의 현실과 정책을 바탕으로 대응전략을 모색하는 것이 중요하다. 이는 자치단체의 능력만으로는 부족하다. 따라서 자치단체는 그 지역을 잘 알 수 있는 지역전문가를 비롯한 새 정부의 정책을 잘 파악하고 있는 정책전문가, 행정 대상자인 주민 대표가 함께 참여할 수 있는 새 정부 지방행정혁신준비자문단을 구성하고 그 자문단과 공직자가 함께해 지방혁신방향과 정책 그리고 추진전략을 수립해야 한다.

"지방아카네미의 원조 장성아카데미", "원스톱행정서비스의 개척자 파주시", "주민참여예산제의 선두주자 광주북구청" "지방축제의 성공작 함평나비축제" 등에서 확인할 수 있었듯이 혁신의 선점효과는 무척 크고 중요하다. 따라서 지방정부의 혁신방향과 정책, 추진전략이 이명박 정부 5년의 지역혁신성패를 가늠하는 중요한 요인이 될 것으로 생각된다. 시장주의 경쟁체제를 지향하는 이명박 정부에서는 철저한 준비와 전략만이 지방정부를 부강하게 하고 주민만족을 배가시키며 지역의 경쟁력을 향상시킬 수 있을 것이다.

일찍 일어나는 새가 많은 먹이를 구할 수 있고, 높이 나는 새만이 멀리 볼 수 있듯이 새로운 정부에 맞는 지방정부의 전문적이고 발빠른 혁신에 대한 대처가 그 어느 때보다 필요한 시기다.

2008. 1. 28. 중도일보 시사에세이

주민참여예산제, 지방의회 권한침해 아니다.

매년 이맘때면 차년도 예산편성작업으로 인해 자치단체마다 매우 분주한 모습이다. 자치단체장은 중앙정부에서 좀 더 많은 보조금을 확보하기 위해 로비에 분주하고, 각 부서는 차년도 사업에 필요한 예산을 확보하고 편성하기 위해 많은 정성과 노력을 기울인다. 그럼에도 불구하고 그동안 매년도 예산편성결과를 보면 전년도의 예산범위를 크게 벗어나지 못한 수준에서 결정이 되었던 것이 사실이다.

그런데 얼마 전부터 일부 자치단체에 새로운 형태의 예산편성과정이 도입되어 관심을 끌고 있다. 일명 주민참여예산제다. 주민참여예산제란 "자치단체가 행사해 왔던 예산편성권을 지역사회와 지역주민에게로 분권화하는 것으로 예산편성과정에 해당 주민들이 직접 참여하여 자신들의 선호와 우선순위에 따라 예산을 스스로 결정할 수 있는 기회를 제공함으로써 참여와 자기결정이라는 지방자치의 이념을 구현하는 제도" 라고 할 수 있다.

이 제도는 1989년에 브라질의 포르투 알레그레시에서 처음 시작된 제도로 현재 우루과이(몬테비데오), 베네수엘라(카라카스), 스페인(바르셀로나), 호주, 영국, 캐나다(토론토), 프랑스(쌍뜨데니스), 벨기에(브뤼셀) 등에서 도입되어 시행되고 있다. 이중 브라질 포르투 알레그레시는

1996년 UN에 의해 세계 40대 도시혁신 사례로 선정되기도 하였다.

우리나라는 광주 북구가 2003년도에 최초로 도입하였고, 그 뒤를 이어 울산 동구, 대전 대덕구, 서산시 등 일부 자치단체에서 조례를 제정하여 시행하고 있다. 또한 대전광역시, 대전 유성구 등을 비롯한 일부 자치단체에서는 조례로 제정되지는 않았지만 홈페이지를 통하여 예산편성과정에 주민의 의견을 청취하고 있다. 그러나 대부분 혁신평가시 가산점을 받기 위해 형식적으로 도입하고 있는 측면이 강해 아직까지 그 실효성에 대해서는 다양한 이견이 존재한다.

그럼에도 불구하고 이제도가 도입되어야 하는 이유는

첫째, 참된 지방자치이념 구현이다. 그동안 지방정부 관료의 예산편성권 독점은 지방자치이념인 주권재민의 역할을 무색케 하였으며, 다양한 주민의사에 부합하는 창의적인 지방정부운영이라는 희망을 상실케 했다. 따라서 이 제도의 도입은 예산편성과정에 주민의 참여가 제도적으로 보장되어 지방의 정책결정과정에 참여함으로서 지방자치이념인 주권재민의 원리를 실천할 수 있다.

둘째, 재정민주주의의 구현이다. 즉 주민참여예산제도는 예산편성과정에 사전적이고 적극적인 주민의 참여 및 통제를 통해서 주민의사를 반영시키고, 잘못된 운영에 대하여 시정을 요구할 수 있는 재정주권을 실현하는 강력한 주민참여 제도이다.

셋째, 관료실패의 보완이다. 자치단체장의 선심성 예산이나 일부사회단체의 압력과 로비에 의한 예산편성으로 사업의 우선순위가 뒤바뀌거나 계획과 예산이 괴리되는 등의 예산낭비와 지방재정의 비효율성이 증대되고 있다. 이렇듯 폐쇄적인 예산편성방식으로 인해 발생할 수 있는 관료실패를 보완할 수 있는 참여방식이다.

이러한 필요성에도 불구하고 일부 자치단체에서는 지방의회의 반대에 부딪혀 도입이 무산되는 경우가 종종 있었다. 그러나 지방의회의 이런 행태는 무지에서 온 결과라 생각된다. 엄연히 관계법령에는 지방자치단체의 예산편성권은 자치단체장에 있고, 예산심의권은 지방의회에 있다고 명시되어 있다. 따라서 주민참여예산제도가 도입된다고 하여 지방의원들의 예산심의권을 침해하는 것은 아니며, 오히려 의원들의 전문성 부족에 의한 권위주의적인 심의행태와 지역이기주의적인 심의행태로 인해 나타날 수 있는 폐해를 예방할 수 있는 안정장치라는 것을 알아야 한다.

주민참여예산제도는 행정혁신의 궁극적 목적인 주민사랑운동이다. 사랑스런 주민에게 감출 것이 뭐 있겠는가? 가슴을 열고 사랑하는 주민의 속삭임을 들을 때 서로에 대한 믿음과 만족은 커질 것이다.

2006. 10. 4. 중도일보 목요세평

성숙된 주민자치센터를 위하여

지난 2000년부터 본격 시행된 주민자치센터는 주민들의 편의와 복지증진을 도모하고, 주민자치기능 강화와 지역공동체 형성에 기여하도록 만들어진 것으로 기존의 읍·면·동사무소가 기능 전환된 것이다.

실행 5주년을 보낸 지금, 주민자치센터는 일천한 경험에도 불구하고 지역 공동체의식 향상과 지역민의 여가생활증진에 큰 역할을 수행하는 것으로 평가되고 있다. 그러나 주민자치센터는 공간협소, 주민자치위원의 역할 부재, 운영프로그램 미비, 주민참여의식 부족, 운영재원부족 등 운영상 많은 문제점을 내포하고 있어 개선책 마련이 시급한 실정이다.

그동안 운영과정에서 나타난 문제점을 개선하기 위해서는 첫째, 주민자치위원 구성의 자율성제고와 역할 강화방안을 모색해야 한다. 이를 위해서는 지금과 같은 동장임명방식을 지양하고, 주민자치위원회 및 위원의 법적기능을 자문기능에서 의결 및 집행기능으로 과감하게 격상시켜야 하며, 위원회 구성방식 또한 위원의 전부 또는 일부를 주민직선으로 선출하는 것을 적극 고려해볼 필요가 있다. 동시에 주민자치위원회에서는 정치적 혹은 개인적 이기주의에서 벗어나 지역사회 활동가, 전문가들이 적극 참여할 수 있도록 해야 할 것이다. 이를 위해서는 위원구성에 있어서 지역시민단체(NGO)등의 참여를 통한 시민중심의 위원회구성을 적극 고려하고, 나아가 전문적이고 활동적인 시민들의 참여를 보장할 필요가 있을 것이다.

둘째, 주민자치센터의 공간을 확충해야 한다. 현재 대부분 주민자치센터는 동사무소의 일부공간을 할애하여 사용하고 있기 때문에 이용면적이 그다지 크지 못하다. 따라서 읍・면・동사무소는 주민자치센터의 사령탑 역할을 수행하고, 다른 프로그램 등을 위한 공간은 동사무소 건물 이외에 관내 공(구청의 복지회관, 새마을회관, 농협, 우체국)・사립(은행, 일반기업체강당)의 시설・공간 등을 활용하는 방안을 생각해야 한다.

셋째, 특화된 프로그램을 개발해야 한다. 우선 지역주민을 대상으로 설문조사를 통해 주민이 원하는 프로그램이 무엇인가를 확인하고, 같은 지역 내에 광역 혹은 기초자치단체에서 운영하는 문화 복지시설과 중복되지는 않는지 면밀히 검토해야 한다. 또한 가능한 한 사설문화시설 등과 중복을 피하여 주민자치센터에 대한 반발을 최소화하는 동시에 이들 유사기관들과 연계하여 프로그램을 공동으로 운영하는 방안도 신중히 검토돼야 할 것이다.

넷째, 자주운영재원의 확충방안을 강구해야 한다. 기존의 행정자치부나 상급자치단체의 지원의존 중심에서 벗어나 주민자치센터의 자치적인 활동을 통하여 자주적으로 조달하는 방안(회비, 사업수입, 행정업무위탁수입, 임대수입, 수강료)을 강구해야 할 것이다. 이는 건전하고 성숙한 주민자치센터를 위해서 꼭 필요한 것이다.

마지막으로 주민참여 활성화 방안을 강구해야 한다. 주민자치센터의 성공적 운영을 위해서는 그것이 본질적으로 주민들의 자발적 참여에 의해 운영되는 것이 바람직하다. 그러나 경험적으로 보아 그것이 힘들다고 생각할 수 있기 때문에 개별단위 참여보다는 조직이나 집단단위 참여를 장려하고 참여조직에게는 인센티브를 제공하는 등 참여를 유도하는 방안을 모색해야 할 것이다. 또한 자원봉사 참여자에게는 취업이나 승진 시 가산점을 부여해 주고 자원봉사 근무기간을 동일한 업종의 경력으로 공식 인정해 주는 제도적 장치가 필요하겠다.

이상에서 논의한 방안들이 성공적으로 도입되고 성숙된 주민자치센터가 되기 위해서는 먼저 주민들의 지역에 대한 공동체적 사랑과 자발적인 참여, 그리고 공무원들의 고객중심행정서비스로의 인식전환과 적극적인 행·재정적인 지원이 선행되어야 할 것으로 생각된다.

2005. 2. 23. 중도일보 상아탑 칼럼

남은 한 해'분권'만큼은 챙겨라

민선자치가 도입된 지난 10여 년 동안 우리 행정의 패러다임은 분권과 자율을 주축으로 대전환을 이뤄왔다. 특히 참여정부 이후 분권로드맵 과제 추진 등 지방분권을 위한 다양한 노력에 힘입어 지방의 권한과 자율성이 대폭 확대되었으며, 지방의 다양성과 창의성이 존중되는 분권형 국가운영의 기반이 조성되고 있다. 그러나 한편으로는 자치단체의 높아진 위상에도 불구하고 민선4기 체제에 접어든 현재까지도 지방의 주장이나 의견이 중앙의 정책형성과정에 개입한다는 것이 상당히 제한되어 온 것이 사실이다.

현재 지방정부가 중앙정부의 정책형성과정에 참여할 수 있는 방법으로는 지방자치법 제152조에 의한 지방자치단체행정협의회와 행정자치부에서 주관하는 광역자치단체 행정부시장・부지사회의 등이 있다. 그러나 이런 제도들이 의사결정권을 행사하기 보다는 단지 형식적인 의견 제출에만 그치고 있는 실정이다.

따라서 분권과 참여를 국정운영방향으로 설정한 참여정부가 중앙정부와 지방정부의 상생・협력을 통한 국가발전을 꾀하기 위해서는 각자의 노력이 선행될 때 가능하다고 생각된다. 이를 위해서 중앙정부는 지방을 국정운영의 동반자로 인식해야 한다. 또한 이것이 현실적으로 가능할 수 있도록 지방자치에 맞는 확실한 분권을 실행해야 한다. 왜냐하면 양자 간 힘의 균형이 이루어져야 중앙과 지방 서로간의 동반자적 위치와 관계를 유지할 수 있기 때문이다.

현재와 같이 지방정부 업무 중 국가사무가 73%, 기관위임사무가 3%, 지방사무가 24%인 상황, 그리고 국세와 지방세의 비율이 80대 20으로 되어 있는 상황 하에서 진정한 협치는 불가능하다.

둘째, 전국적인 통일성을 기한다는 생각은 이제 배제되어야 한다. 중앙의 역할은 획일성, 표준화의 틀에서 지방이 벗어나게 해주는 것이다. 지방이 다양성을 가질 때 국가가 건강해지고 힘이 생긴다는 것을 알아야 한다(Local is global).

셋째, 지방의 전문가를 참여시킬 수 있는 제도적인 장치를 마련해야 한다. 중앙부처의 각종위원회 위원은 주로 서울거주 전문가(직장은 지방에 있어도 서울에서 거주 하는 자)들로 구성 되어 있는 경향이 있다. 즉 형식적인 지방(지역)할당 참여가 아니라 실질적인 지방참여를 제도화 할 필요가 있다.

그리고 지방정부는 스스로의 역량강화를 위해 노력해야 한다. 자기혁신을 통하여 주민과의 관계를 수직적인 주종관계가 아닌 동반자 관계로 변화시키고, 다양하고 전문적인 교육프로그램을 통하여 전문성과 인적 역량을 강화시켜 나가야 할 것이다.

둘째, 지방정부간 실질적 협력체계를 강화해야 한다. 물론 지방자치단체행정협의회를 중심으로 협력체계가 이루어지고는 있으나, 이는 거대한 중앙을 상대하기 위한 형식적인 대표단체일뿐 실질적 의미의 대표단체는 아니라고 생각된다. 왜냐하면 중앙-지방간 정책협상은 반드시 전국적 통일성이 있는 정책에만 국한하여 이루어지는 것이 아니기 때문이다. 따라서 각 기능(전문분야)을 중심으로 지방정부간 협력체계를 강화하고, 중앙과 협상(협의)시에 그 협의체를 중심으로 이루어져야만 큰 역량을 발휘할 수 있을 것이다.

셋째, 지방 스스로 권한을 찾기 위한 노력을 해야 한다. "국민들은 국가에 무엇을 바라기 전에, 먼저 국가에 의무를 다하고 말하라" 고 했던 케네디의 연설처럼, 지방정부도 중앙정부에 바라기 전에 스스로의 의무와 권리를 찾아야 하겠다. 즉, 지방정부는 중앙에서 주는 것만 받기 보다는 수요자중심의 권한이양이 이루어지고 국정참여가 가능하도록 자체 연구기능을 강화해야 한다.

이제 분권과 참여를 가치로 삼았던 참여정부가 1년여 남았다. 참여정부가 그동안 실정을 만회하고 잘 마무리하기 위해서는 초심으로 돌아갔으면 하는 바람이다. 그래도 분권과 참여만큼은 잘 했다는 평가를 받아야 하지 않겠는가?

내년 한 해 확실한 지방분권과 지방의 국정참여를 기대한다.

2006. 12. 27. 중도일보 칼럼

지방공무원 감축방식 문제 있다

요즘 지방자치단체가 공무원 감축안 마련과 관련해 몸살을 앓고 있다. 행정안전부는 지난 1일 자체적으로 지자체의 조직개편안을 마련하고 각 지자체마다 3~5%의 공무원 감축을 권고했다. 행정안전부는 공무원감축 권고의 이유로 "지난 5년간 지자체 특성에 관계없이 과거사 정리 전담인력 등 중앙정부의 필요에 따라 늘어난 인력이 11,776명에 달하고, 특히 인구가 줄어든 152개 지자체 가운데 149곳에서 공무원 정원이 늘어났기 때문" 이라고 설명하고 있다.

물론 불필요한 인원을 줄이고 조직을 재정비해 비효율적인 예산을 감축하려는 이명박 정부의 이번 정책에 대해서는 적극적으로 찬성하는 바이다. 그런데 문제는 방법론이다. 행정안전부의 주장은 자신들의 기준에 맞게 자치단체가 공무원정원을 감축하면 지방교부세를 통하여 인센티브를 준다는 것이다. 그러나 필자 생각에는 양적인 접근 보다는 질적인 접근을 선택하는 것이 옳다는 생각이 들기에, 이에 대한 문제점을 지적하고 해결방안을 제시해 보기로 하겠다.

먼저 우리나라의 공무원 수준이 어느 정도인가를 살펴볼 필요가 있다. 또한 지방정부의 공무원 규모가 정말 많은 것인가에 대한 분석도 필요하다. 우리나라의 경우 2004년 기준으로 OECD국가별 인구대비 공무원 비율에서 1.8%로 이명박 정부가 따르고 싶어 하는 미국(7.5%)의 3분의 1수준이며, 일본(3.5%), 영국(6.5%), 스웨덴(11.9%), 덴마크(13.3%) 등과 비교해도 매우 낮은 수준이다. 또한 공무원 규모의 적정성을 판단하는 기준 중의 하나가 공무원들의 서비스에 대한 주민만족도이다. 주민들의 행정서비스 만족도를 역대정부와 비교 평가해보고 정원감축을 결정했는지 묻고 싶다.

공무원 인건비를 아껴서 그 돈으로 지역경제를 살려보겠다는 이명박 정부의 뜻은 십분 이해하지만, 이번 정책으로 오히려 지역경제가 위축되고 지역사회가 경직되지 않을까 걱정이 앞선다. 실제 각 지자체의 공무원 감축 대응책을 면밀히 살펴보면 그 핵심은 비정규직 감축, 일반직의 소방직으로 전환, 퇴직에 의한 자연감축을 유지하기 위한 신규채용 감축 및 포기 등으로 요약될 수 있다. 결국 이번 조치는 무능공무원 퇴출과 효율적인 조직운영이라는 근본 취지보다는 중앙정부의 지방 길들이기와 철밥통 정규직 공무원들의 상대적 안위만을 위한 구조조정으로 밖에 볼 수 없다. 또한 이번 일로 대민행정서비스를 담당하는 공무원의 부족으로 서민들과 직접관련이 있는 사회복지부문의 서비스 감소가 불 보듯 뻔한 상황이다.

분명 제대로 된 구조조정은 원칙과 타당성이 있어야 한다. 따라서 올바른 지방정부의 인사관리(감축관리)를 위해서는 첫째, 왜 감축해야 하는가에 대한 합리적 근거를 위해 현 지방정부 공무원의 규모가 적정한지에 대한 비교연구가 선행되어야 한다. 둘째, 어떻게 감축해야 할 것인가에 대한 방법론을 위해서는 원칙을 세워야 하며, 그 원칙에는 무능하고 부패한 공직자에 대한 퇴출과 젊고 참신한 인재의 안정적인 충원에 관한 내용이 포함되어야 한다. 또한 전체 공무원들이 인정할 수 있는 합리적인 성과관리시스템의 구축과 이를 통한 엄격한 퇴출후보 선정이 필요할 것이다. 마지막으로 창의적이며 혁신적인 공무원상의 정립을 위한 지방공무원의 교육 및 연수 프로그램 마련이 선행되어야 할 것이다.

이명박 정부가 진정으로 지방자치단체의 안위를 걱정한다면, 지금과 같은 꼼수 정책보다는 큰 그림의 지역균형발전정책과 과감한 지방분권 정책을 먼저 실천해야 할 것이다. 지방정부의 경쟁력은 중앙정부의 몇 푼 되지 않는 생색내기용 지원보다는 지방을 인정하고 자율성을 보장할 때 보다 강해질 것이다. 진정 지방이 바라는 것은 "지방에 세원을! 지방에 권한을! 그리고 지방에 인재를!" 이라는 것을 명심하고 역지사지(易地思之)의 마음으로 정책을 펼쳤으면 하는 바람이다.

2008. 5. 20. 중도일보 시사에세이

자치발전을 위한 중간평가가 필요하다.

민선자치 4기가 출범한지도 벌써 2년이 지나가고 있다. 임기가 4년인 것을 생각하면 절반의 시점에서 지방자치발전을 위한 중간평가가 필요하다고 본다. 평가란 하는 쪽 보다는 받는 쪽이 부담이 많은 법이다. 왜냐하면 우리의 평가문화가 칭찬보다는 비판이 많고, 다음 선거에 지대한 영향을 미치기 때문이다.

왜! 중간평가가 필요한가?

자치단체장에 대한 중간평가는 기관장의 시 · 도정 운영방식인 리더십과 추진정책에 대한 주민과 공직자의 생각을 파악함으로써, 정확한 현실인식과 자기반성 그리고 앞으로 제공해야 할 공공서비스의 목표를 보다 분명히 할 수 있다. 또한 평가과정에서 지역구성원들이 참여함으로써 시 · 도정운영의 민주성을 확보할 수 있고, 잘못된 정책에 대한 중단으로 재정절감의 효과를 얻을 수 있기 때문이다.

평가에는 두 가지 접근방법이 있다. 하나는 조직 내 구성원들에 의한 자체평가 형식의 내부평가이며, 또 하나는 시민 · 언론 · NGO · 전문가(기관) 등에 의한 외부평가이다. 필자의 생각에는 양자의 평가가 병행돼야 한다고 본다. 왜냐하면 내부조직에 의한 자체평가는 객관성을 유지하기 어렵고, 외부조직에 의한 평가는 정책에 대한 정확한 인식부족으로 이미지 평가만을 할 수 있기 때문이다. 지금까지 시·도정 운영에 대한 평가가 전혀 없었던 것은 아니다. 내부평가의 형태이든 또는 외부평가의 형태이든 평가는 있었지만 이러한 평가에는 몇 가지의 문제점을 포함하고 있다고 판단된다.

그렇다면 현행평가의 문제점은 무엇인가? 평가란 객관성과 평가결과에 대한 순응성이 중요하다. 그런데 요즘 평가양태를 보면 둘 다가 결여된 한마디로 순수성을 잃은 평가가 많다. 즉 자치단체장이 지난 2년 동안 자신의 행적에 대한 객관적인 평가를 받기보다는 자신의 생각을 합리화 시키고, 그동안의 업적을 홍보하기 위한 수단으로 이용하는 경우가 많다. 또한 평가란 시대간 지역간 비교평가를 해야 현재의 수준을 정확히 파악할 수 있는데, 현실은 여러 가지 이유로 그렇게 하지 못하고 있다.

그렇다면 누가 어떻게 평가하는 것이 바람직한 것인가? 먼저 자치단체장이 평가에 대한 중요성 인식과 진지하게 임하는 자세가 필요하다. 누구나 자진해서 매를 맞기를 좋아하는 사람은 없다. 그러나 진정으로 자치단체장의 권한이 주민으로부터 나온다고 믿고, 주민을 위한 행정을 펼치기를 원한다면 자만심을 버리고 낮은 자세로 시 · 도정에 임해야 할 것이다. 또한 평가하는 측에 대한 불만보다는 먼저 평가결과를 겸허히 받아들이고 이에 대한 반성과 성찰이 필요하다.

둘째, 객관적이고 정확한 평가방법이 도입 되어야 한다. 평가의 생명은 신뢰성확보이며, 그렇기 때문에 최대한 평가의 신뢰성이 담보될 수 있도록 지역의 다양한 주체와 전문가의 참여를 유도해야 할 것이다.

따라서 지역학회 또는 대학전문연구소가 중심이 되어 공무원단체, 언론기관, 시민단체 등을 참여시키는 형태의 평가모형도 신뢰성 확보를 위한 하나의 방안이 될 수 있을 것이다.

셋째, 지역 언론들의 정확한 보도와 지속적인 관심이 필요하다. 아무리 좋은 평가가 이루어 졌다 할지라도 시민들이 그 내용을 알지 못한다면 그 효과는 적을 수밖에 없고, 평가결과를 지역주민에게 전달하는 것은 언론의 역할이 매우 중요하다. 이처럼 지방자치의 성패에 대한 지역 언론의 역할이 큰 만큼, 보도 자료에 의한 자치단체홍보 기사보다는 지방정부가 반성하고 주민의 목소리가 반영될 수 있는 평가기사가 필요하다. 그리고 문제제기 중심의 단발성 기사보다는 대안을 창출할 수 있는 집중적 기획기사를 활성화하는데 게을리 해서는 안 될 것이다.

끝으로 시민참여가 매우 중요하다. 지방자치의 주인인 시민들의 애정어린 참여만이 평가의 효율성을 높이고 실효성을 담보할 수 있기 때문이다. 요즘 매일 미국산 쇠고기 수입문제와 관련하여 엄청난 토론과 촛불문화집회가 열리고 있다. 전 세계적으로 보기 드문 현상이며, 혹자들은 이를 두고 한국의 힘이라고들 한다. 지방자치를 연구하는 학자로서 바람이 있다면, 앞으로 이런 문화가 우리 지방자치의 문제점을 지적하고 성장하는데 필요한 에너지를 공급하는 동력으로 승화되길 간절히 바란다.

2008. 6. 17. 중도일보 시사에세이

민선자치에 대한 대전시민들의 생각

올해는 5·16군사 쿠데타로 중단되었던 민선자치가 부활한지 10년이 되는 해이다. 요즘 관련학계에선 지난 10년을 되돌아보는 행사가 여러 모양으로 진행되고 있다. 필자 또한 얼마 전 '민선자치 10년 회고와 전망'을 주제로 열린 한 학회에서 민선자치에 대한 대전시민들의 의견을 조사하여 발표하였다. 이번 조사는 대전지역 만20세 이상 성인남녀 657명을 대상으로 실시되었는데 최근 이슈화되고 있는 지방자치제도와 관련하여 의미 있는 결과들이 많아 이를 소개하고자 한다.

첫째, 현행 동시선거법에서 허용하고 있는 지방자치단체장의 정당공천에 대하여 반대 입장을 분명히 하고 있다. 이는 그동안 정당이 본연의 모습인 '국민여론의 형성과 조직화, 국민에 대한 정치 교육, 정부-의회 그리고 정부-국민을 연결하는 매개 역할 등'을 시민들에게 제대로 보여주지 못하였고, 오히려 정당이 공공연하게 자치통제와 공천헌금 요구를 자행하는 등 자치단체장들의 부패의 원인으로 작용하는 부정적인 모습이 반영된 결과라 생각된다.

둘째, 최근 정치권에서 논란이 되고 있는 기초자치단체장의 임명제 논의에 대하여 전반적으로 반대의 입장을 보이고 있으나, 일선행정기관에서 근무하고 있는 공무원들은 약 70%가까이 찬성의 입장을 보이고 있어 대조를 이루고 있다.

셋째, 구청장 및 구의회의원 선출방식에 대하여 일반시민과 NGO 상근자들은 현행제도를 유지해야 한다는 의견이 많은 비중을 차지했으나, 공무원의 경우 구청장은 임명제 방식으로 구의회의원은 직접선출 방식을 가장 선호하는 것으로 나타났다.

넷째, 지방자치단체장이 후원회를 조직하여 정치자금을 모금하는 것에 대해 조사대상자가 공통적으로 현행과 같은 후원회 개최는 불가하다는 의견이 가장 많았다. 아마도 이런 결과의 원인은 지역토호나 기업들의 금전을 통한 줄서기가 만연할 것이라는 우려 때문이 아닌가 싶다.

마지막으로 주민소환제도의 도입에 대하여 필요성을 공감하고 있는 것으로 확인되었다. 지방의원, 지방자치단체장 등 선거에 의해 공직에 취임한 자가 비위나 민의에 반한 정치적 행위를 행할 경우 주민들이 투표를 통하여 소환할 수 있는 제도인 주민소환제에 대하여 조사자의 약 80%정도가 도입 필요성에 찬성하는 것으로 나타났다.

조사결과에서 나타났듯 민선자치 부활 10년이 지난 지금, 시민들의 평가는 각자의 입장만을 대변할 뿐 통일된 의견을 제시하지 못하고 있는 것으로 나타났다. 어찌 보면 당연한 결과라고 생각된다. 왜냐하면, 지방자치란 여러 색깔의 의견들이 모아져 하나의 커다란 흐름을 이어가는 것이기 때문이다.

지방자치는 100m를 질주하는 단거리 달리기가 아니다. 42.195km를 달려야 하는 장거리 마라톤과 같다. 때문에 지방자치는 단거리에 강한 토끼식 발전보다는 한 걸음 한 걸음 전진하는 거북이식 발전을 선호한다.

이제 겨우 100m를 달린 우리의 민선자치 10년, 토끼입장에선 거북이가 답답하고 한심하겠지만 동화 속에 결론은 거북이가 결국 승리한다.

지방자치는 아름답게 포장되어 있는 이상을 좇는 것이 아니라 지역의 주민이 공감하고 주민의 생활과 연관되는 현실의 모습일 때 성장하고 꽃을 피울 수 있을 것이다.

2005. 6. 15 중도일보 상아탑 칼럼

시민단체가 사는 길

그동안 우리 사회가 투명하고 보다 민주적인 사회로 성장하는 데는 시민단체의 역할이 컸다. 그러나 최근에 일부단체이긴 하지만 그동안의 깨끗하고 곧은 시민단체의 얼굴에 먹칠을 하는 사례가 늘고 있어 걱정이 아닐 수 없다. 필자 생각에는 대부분의 이런 문제들의 발단이 단체이념이나 운동성향이 변한 데에 기인하기보다는 단체 스스로 운영할 수 없는 자체재정의 한계 때문인 것 같다.

시민단체의 재정은 크게 회비수입과 모금 등에 의한 자체수입, 정부나 기업 또는 공공기금으로부터 프로젝트를 통한 지원을 받는 의존수입이 있다. 선진국을 비롯한 대부분 국가의 시민단체 또는 비정부단체들의 경우 의존수입보다는 자체수입의 비중이 월등히 높다. 이는 시민단체가 비정부기구로서 자발적인 운동의 성격이 강하기 때문에 정부나 외부단체의 지원에 지나치게 의지하기보다는 자체의 모금활동을 통해 자생력을 강화하는 것이 바람직한 방향이라 할 수 있기 때문이다.

따라서 필자는 시민단체가 처한 작금의 어려운 환경을 극복하고, 선진외국과 같이 단체 본래의 역할을 성실히 수행할 수 있는 시민단체로 거듭날 수 있도록 다음 몇 가지 자립방안을 제시하고자 한다.

첫째, 회원의 확대와 관리를 담당할 수 있는 회원관리부서 정비가 필요하다. 즉, 재정상 어려움과 상근자의 부족으로 인한 회원관리부서의 부실은 결국 회원과 회비감소를 불러와 재정적 빈곤의 악순환을 야기시켜 단체의 존재에 심각한 위협을 초래할 수 있기 때문이다.

둘째, 회원관리프로그램 개선이 필요하다. 아무리 많은 회원이 등록하고 후원자가 몰린다 할지라도 그들을 관리할 수 있는 능력을 보유하지 못한다면 결국 그들로부터 신뢰를 잃게 되어 지속적인 관계정립이 어렵다. 회원과 후원자의 지속적인 관심과 그에 걸맞은 체계적인 관리만이 그들을 단체의 주체세력으로 끌어들일 수 있다.

셋째, 지속적인 회원확대프로그램을 개발하고 실행해야 한다. 물론 일정기간을 정해놓고 그 기간에 할당량을 채우듯 행해지는 회원확대캠페인은 지인들 위주로 행해지고 있는 경우가 있다. 이는 자칫 부실회원이 되어 오히려 단체에 부담으로 작용하기도 한다. 따라서 시민단체에서는 다양한 프로그램개발과 홍보 전략을 수립하여 기존의 지인의존형태가 아닌 자발적 시민참여형 진성회원 모집이 이루어질 수 있도록 해야 할 것이다.

넷째, 회비수납방식의 다양화가 요구된다. 기존의 전통적인 회비수납방식은 오히려 시민단체에 일반시민들의 접근을 어렵게 만들 수 있는 요인으로 작용할 수 있다. 따라서 회비납부율을 높이고 회원(후원자) 편의를 도모하기 위해서 시대의 흐름에 맞는 다양한 수납방식의 적극적인 개발과 적용이 필요하다.

다섯째, 다양한 모금프로그램을 개발해야 한다. 현재 우리의 현실에 적용할 수 있는 방법으로는 캠페인을 통한 모금방법과 기업의 판매촉진을 추구하는 CRM(cause-related marketing)을 이용하는 방법 등이 있다.

마지막으로 정부의 NGO 지원방향의 전환이 필요하다. 정부는 NGO에 대한 세금감면혜택과 기부자에 대한 인센티브제를 도입하여 사회적 기부문화의 활성화와 공익재단 설립을 독려해야 하고, NGO 재정지원의 방식을 프로젝트의 공모 중심보다는 장기적으로 사회간접시설의 확충・제공하는 방향으로 나가야 할 것이다.

얼마 전에 발생한 한 환경단체의 부도덕한 손전등 판매사례는 대다수의 단체들이 언젠가는 모방했을 만한 일이다. 왜냐하면 대부분의 단체가 자체수입으로 상근자의 인건비도 해결하지 못할 만큼의 부실한 재정상태를 보유하고 있기 때문이다. 그러나 이번 사례를 통하여 우리들은 '원칙과 기본' 만이 시민단체의 '존재이유이자 사는 길' 이라는 것을 느꼈으면 하는 바람이다.

2005. 01. 19. 중도일보 상아탑 칼럼

의회의장협
풀뿌리 지방자치
지방분권 개헌

대통령소속
지방자치발전위원회

옥천군 주민참여 예산학교 운영

지방재정확충 및 건전성강화 TF
위원 최호택

일류 경제도시 대전
일류 정책자문단

chapter 2

정부간 관계

아이는 국가가 키우는 것이다.

韓, 지난 해 출산율 0.7명대 추락, OECD '꼴찌'... 사망자 역대 최대 '초고속 인구 자연감소'

이것들이 인구통계에 대한 대한민국의 현주소이다. 지난 15년간 280조원의 천문학적 예산투입의 결과이니 암담하기 짝이 없다. 헛다리를 짚어도 한참 잘못 짚은 것이다. 도대체 원인이 무엇일까? 돈이면 안되는 게 없는 세상이라던데, 참 신기한 노릇이다. 한두 해도 아니고 수십 년을 공들인 일인데 이렇게 절망스러울 수가 있단 말인가?

문제는 여러 가지가 있을 것인데, 필자는 다음 몇 가지 차원에서 그 원인을 찾으려 한다. 첫째는 점점 늦어지는 결혼과 출산의 문제이다. 이것들의 출발은 돈이고, 돈을 벌기위해 좋은 직장이 필요하고, 좋은 직장을 구하기 위해서는 많은 스펙이 필요하고, 많은 스펙을 쌓기 위해서는 시간이 필요하고, 그러다 보면 결혼이 늦어지고, 늦은 출산은 당연하고 둘째는 낳을 생각도 못한다.

둘째는 맞벌이가 불가능한 사회구조이다. 육아휴직 1년 쓰는 게 자유로운 곳은 공직사회 밖에 없다. 매년 어린이 집에서 끊임없이 사고가 터지다 보니 어린이 집에 아이들을 맡기고 회사 가는 것 자체가 불안하다.

셋째, 청년인구의 수도권 편중분포 문제이다. “둥지가 있어야 새끼를 치지…” 라는 말이 있다. 높은 집값과 경쟁심화로 인한 스트레스가 너무 커 결혼하겠다는 의욕이 크지 않고 출산은 엄두도 못낸다.

마지막으로 변화된 가치관이다. 요즘 젊은 세대들은 개인적인 삶의 질이나 업무와 여가의 균형을 중시하는 경향이 두드러져 출산 욕구가 줄어든 탓이다.

그렇다면 그 대안은 무엇일까? 먼저, 정부정책의 변화 즉, 출산기본소득제 개념을 도입하여 국가가 다 키운다는 확고한 국정운영철학이 필요하다. “찔끔찔끔 여기저기 지원방식” 으론 안 된다. “자녀 1명당 2억지원, 2명이상 낳으면 군대 면제와 공공기관 일자리 제공 등 이제부터 낳기만 하면 정부가 키운다” 이 정도는 돼야 반응을 한다. 예산은 모두 지방이 아닌 국가가 책임져야 한다.

둘째로 교육정책에 대한 큰 변화가 필요하다. 공교육 붕괴와 높은 사교육비, 세계 최고수준의 대학진학율…이제 양보다는 질을 추구할 때이고, 명분보다는 실리를 추구할 때이다. 왜 공부에 소질이 없는데 모두가 대학입시에 목을 매야 하는지 그 허상과 진실을 규명할 때가 됐다.

셋째, 강력한 지방분권과 국가의 균형발전 정책이 필요하다. 최근 출범한 ‘지방시대위원회’ 가 할 일은 결국 살기 좋고 기회가 많은 지방을 만드는 것인데, 청년들의 수도권집중을 막을 수 있는 정책들이 많아야 효과가 있다는 것을 알아야 한다. 기회발전특구, 교육자유특구, 수도권공공기관 2차이전. 확실하고 신속하게 밀어붙여야 한다. 더 늦기

전에 말이다.

이 밖에도 이민정책에 대한 새로운 고민이 필요할 때이다. 소멸될 것인가? 공존할 것인가? 우리의 선택에 달려있다.

2023. 7. 14 충청투데이, 시론

ESG경영, 이제 선택이 아닌 필수다!

ESG는 기업의 지속 가능한 성장과 사회적 책임을 강조하는 개념으로, 전 세계적으로 점차 중요한 경영 전략으로 자리 잡고 있다. ESG는 환경(Environmental), 사회(Social), 지배구조(Governance)의 세 가지 요소를 통해 기업의 재무적 성과뿐만 아니라 비재무적 성과까지 평가하려는 접근이라 할 수 있다. 이러한 ESG의 중요성은 글로벌 경제와 투자 시장에서 눈에 띄게 확산되고 있으며, 이는 여러 가지 글로벌 트렌드와 맞물려 있다고 판단된다.

환경(E) 요소는 기후 변화, 자원 고갈, 오염 등의 문제와 관련이 있으며, 기업들이 온실가스 배출을 줄이고, 지속 가능한 자원 사용과 생태계를 보호하는 방향으로 나아가도록 요구한다. 사회(S)는 노동권, 인권, 고객 보호, 사회적 책임 등을 포함한다. 기업들은 윤리적 소비를 촉진하고, 다양한 사회적 요구에 대응하는 경영 방침을 채택하고 있다. 사회적 책임을 다하는 기업은 장기적으로 소비자와의 신뢰를 쌓고, 브랜드 가치를 높일 수 있다. 지배구조(G)는 기업의 투명한 운영과 주주가치 증대, 경영진의 윤리적 책임을 포함한다. 최근 몇 년 간, 대기업들의 경영 투명성과 지배구조 개혁에 대한 요구가 커졌으며, 주주와의 소통을 강화하고 공정한 의사결정을 통해 기업의 장기적인 성장을 도모하고자 하는 경향이 강해졌다.

한국 역시 ESG를 중시하는 경향이 강해지고 있으며, 글로벌 ESG 트렌드와 발맞추어 다양한 정책과 활동을 펼치고 있다. ESG에 대한 관심은 2020년대 초부터 본격적으로 증가했으며, 정부와 기업 모두 ESG 경영을 중요한 전략으로 인식하고 이를 실행에 옮기고 있다.

우리 정부는 2021년 12월, ESG 경영을 촉진하기 위해 'ESG 경영 실천 가이드라인'을 발표했었다. 이를 통해 기업들이 ESG를 경영 전략에 반영하고, 관련 데이터를 투명하게 공개할 수 있도록 유도하고 있다. 또한, 정부는 ESG 평가 시스템을 구축하고, 기업들이 ESG 관련 정보공시를 의무화하는 법안을 제정하였으며, 이에 따라 2026년부터 총자산 2조원 이상 상장사의 환경 · 사회 · 거버넌스(ESG) 공시가 의무화 된다.

이미 한국 기업들은 ESG를 경영 전략의 중요한 부분으로 삼고 있으며, 많은 대기업들이 ESG위원회를 설치하고 지속 가능한 경영을 위한 로드맵을 마련하고 있다. 삼성, 현대차, LG 등 주요 대기업들은 벌써 ESG 활동을 적극적으로 펼치고 있으며, 재무적 성과뿐만 아니라 사회적 책임도 다하는 기업 모델을 제시하고 있다. 특히, 현대차는 전 세계적으로 친환경차 시장을 선도하며 탄소 배출 저감을 위한 기술 개발에 많은 투자를 하고 있다. 삼성은 전자제품의 에너지 효율성 향상과 함께 글로벌 공급망에서의 윤리적 책임을 강조하고 있다.

그럼에도 불구하고 한국 기업들이 ESG를 완전히 내재화하는 데는 중요한 두 가지 도전 과제가 존재한다. 첫째, ESG 공시와 관련된 데이터의 신뢰성 문제이다. 기업들이 ESG 관련 정보를 제공하는 데 있어 일관성과 정확성이 부족한 경우가 많아, 이를 보완하기 위한 국제적인 기준 마련이 필요하다. 둘째, ESG 관련 교육과 인식의 부족이 문제이다. 기업의 임직원과 투자자들이 ESG의 중요성을 제대로 이해하고 실천하는 데에 대한 노력이 추가적으로 필요하다고 본다.

ESG는 이제 단순한 유행이 아니라 기업과 사회의 지속 가능한 발전을 위한 필수적인 요소로 자리 잡고 있다. 우리나라도 글로벌 ESG 트렌드에 발맞추어 관련 정책과 기업 경영 방침을 강화하고 있으며, ESG 투자는 기업의 성장과 사회적 책임을 동시에 고려하는 중요한 기준으로 평가받고 있다. 어떤 방향으로 보던 ESG의 중요성이 더욱 커지는 상황임은 분명하다.

앞으로 한국 ESG경영은 위에서 제시한 두 가지의 중요한 도전과제를 해결하기 위한 지속적인 노력이 진행되고 보완될 때 비로소 전반적인 신뢰를 바탕으로 더욱 성장할 것으로 확신한다.

2024. 11. 17 중부매일, 세상의 눈

밥상머리교육이 효의 원천이다.

우리사회는 저출산 고령화, 핵가족화가 되면서 가족 간의 유대감이 약해지고, 도덕적 가치가 퇴색되는 현상이 가속되고 있다. 학생이 교사를 폭행하거나, 자식이 부모를 폭행, 살인까지 하는 등 잊을 만하면 국민들을 분로케 할 패륜범죄도 그 도를 넘어서고 있다. 우리나라를 동방예의지국이라는 타이틀을 반납한지는 오래되었다. 오히려 무례(無禮)함의 정도와 수준이 타 선진국에 비해 매우 높은 수준임에 이의를 다는 사람은 많지 않을 것이다.

문제는 여러 이유에서 찾을 수 있겠지만, 필자는 그동안 우리사회를 지탱해온 효(孝)교육의 부재에서 그 원인을 찾고자 한다. 주지하는 바와 같이 효교육은 가족 구성원 간의 유대감을 강화시키고, 이를 통해 아이들은 부모를 공경하고, 어른을 존중하며, 책임감을 가지는 등의 도덕적 가치를 배우게 된다. 또 이 가치들은 사회적 상호작용에서도 발현되며, 이는 사회적 갈등을 줄이고, 공동체의 조화로운 발전을 돕는 등 다양한 문제를 푸는 솔루션으로서 역할을 한다고 생각한다.

그렇다면 우리가 잃어가고 있는 정체성을 확보하고 도덕적 가치의 복원을 위한 효(孝)교육의 방향은 무엇일까? 그 첫째는 밥상머리 교육의 부활이라고 생각한다. 요즘 가족이 함께 모여 식사를 하는 경우가 드물다는 보도를 본적이 있다. 물이 위에서 아래로 흐르듯 부모의 행동은 자녀에게 가장 큰 영향을 미친다. 밥상머리에 둘러 앉아 서로의 일상을 얘기하고 고충을 토로하며 격려와 칭찬을 통해 위로를 주고받을 때 서로에 대한 믿음과 존경이 싹틀 수 있기 때문이다.

둘째, 학교 교육과의 연계가 필요하다. 학교는 효교육의 중요한 장인데 요즘 입시우선 정책으로 그 교육이 학교에서 사라지고 있어 안타깝기 짝이 없다. 학교 교육 과정에 효의 가치를 포함시키고, 다양한 활동을 통해 학생들이 효를 실천할 수 있는 기회를 제공하면 좋겠다. 예를 들어, 효에 관한 이야기를 읽고 토론하는 시간, 노인 복지 시설을 방문하는 활동 등을 통해 학생들이 효를 직접 경험하고 느낄 수 있도록 해야 할 것이다.

셋째, 지역 사회와의 협력이 필요하다. 효교육은 지역 사회와의 협력을 통해 더욱 효과적으로 이루어질 수 있다. 지역 사회의 다양한 기관과 단체는 효교육 프로그램을 개발하고, 이를 통해 지역 주민들에게 효의 가치를 알리고, 실천할 수 있는 기회를 제공해야 한다. 예를 들어, 지역 사회의 도서관, 문화 센터, 복지관 등은 효교육 관련 강좌와 세미나를 개최하고, 지역 주민들이 참여할 수 있는 다양한 활동을 제공하면 좋겠다.

넷째, 효교육의 중요성을 알리고, 이를 실천할 수 있도록 매체를 통한 홍보가 필요하다. 텔레비전, 라디오, 인터넷 등 다양한 매체를 활용하여 효의 가치를 알리고, 이를 실천하는 사례를 소개하는 프로그램 제작이 많았으면 좋겠다. 그게 공영방송의 역할이고 의무 아닌가?

다섯째, 효교육을 효과적으로 이루기 위해서는 효교육 전문가의 양성이 필요하다. 효교육 전문가들은 효교육 프로그램을 개발하고, 이를 효과적으로 전달할 수 있는 능력이 있어야 한다. 이를 위해 대학이나 교육 기관에서는 효교육 관련 학과나 과정을 개설하고, 전문가를 양성해야 한다. 필자는 최근 대전효인성교육원에서 실시하는 효인성교육프로그램에 참여하고 있다. 늦었다고 생각했는데 가보니 제일 젊은 측에 속한다. 백발의 어른들이 효를 배우고 있다. 그래서 아직 우리에겐 희망이 있다 느꼈다.

마지막으로 정부와 지자체는 효교육을 지원하는 정책을 마련하고, 이를 실천할 필요가 있다. 효교육 관련 법령을 제정하고, 효교육 프로그램에 대한 재정적 지원을 제공하며, 효교육의 중요성을 알리는 캠페인을 전개해 줘야 한다. 정책적 지원은 효교육이 지속적으로 이루어질 수 있는 기반을 마련하는 데 필수적이기 때문이다.

결론적으로, 효교육은 개인의 도덕적 성장과 사회적 안정, 문화적 전통의 유지에 중요한 역할을 수행한다. 이를 위해 가정, 학교, 지역사회, 매체, 효교육 전문가, 정책적 지원 등 다양한 측면에서 효교육이 이루어져야 한다. 효교육은 개인과 사회의 조화로운 발전을 위해 필수적인 요소이며, 이를 통해 우리는 더 나은 사회를 만들어 나갈 수 있기 때문이다.

현대 효(孝)는 칭찬이고 실천이라 했다. 우리 함께 올바른 효(孝)교육을 통해 다시 서는 대한민국의 희망을 만들어 보자.

2024. 7. 15 중부매일, 세상의 눈

수도권규제 완화정책, 제 정신인가?

참여정부의 대표적인 국정과제는 지방분권과 국가균형발전이다. 이러한 과제를 근본적으로 해결하고자 정부는 신행정수도건설과 공공기관 지방이전을 추진 중이다. 그러나 지난 10월 21일 헌법재판소의 신행정수도 위헌판결로 중단되었다가 올 3월 2일 '신행정수도 후속대책을 위한 연기·공주지역 행정중심 복합도시 건설을 위한 특별법' 이 국회를 통과하여 행정중심복합도시라는 어정쩡한 모습으로 다시 태어났다. 불행 중 다행스러운 일이다.

하지만 최근 정부와 여당은 '행정중심복합도시의 지속적인 추진과 수도권의 허탈감 달래기' 란 명목 하에 선심성 공약을 남발하고 있어 참여정부가 지방분권과 국가균형발전에 뜻이 있는 정부인지 의구심을 갖게 한다. 특히 국가의 균형발전추진센터라 할 수 있는 국가균형발전위원회가 내놓은 수도권 규제완화 방안은 더욱 우리를 놀라게 하고 있다.

국가균형발전위원회에서는 행정도시 건설과 수도권 소재 공공기관 지방이전에 따라 우려되는 수도권 경쟁력 약화를 막기 위해 대학·공장·개발사업·공공청사·대형건축물 등 5개 분야에 대한 규제를 단계적으로 완화키로 했다. 대학 규제와 관련해서는 1단계로 인천경제자유구역에 외국대학의 설립을 허용하고 수도권 과밀억제권역 안에 위치한 대학이 과밀억제권역 내 다른 지역으로 이전하는 것도 허용하기로 했다. 또 미군기지가 이전하는 평택시에 4년제 지방대학을 이전할 수 있도록 평택지원특별법 시행령을 이달 중 마련하기로 했다.

또한 국가균형발전위원회는 2단계로 발전이 더딘 지역, 공공기관의 대거 이전으로 발전 가능성이 떨어지는 지역, 국제업무나 외자유치를 위해 필요한 지역 등을 '정비발전지구'로 지정해 외국대학의 설립을 허용하기로 했다. 또한 균형발전위는 올해 중 외국인투자기업의 컴퓨터 제조 등 25개 첨단 공장 신·증설 허용기간을 연장해주고, 평택시에는 자동차용 엔진제조 등 41개 업종의 공장 신설을 허용하는 내용의 '공장 규제 완화 방안'을 마련했다.

이상의 내용들은 국정과제를 전면적으로 뒤집는 것일 뿐 아니라 신행정수도 이전을 통해 수도권의 과밀화 해소와 지방분권을 이루겠다는 참여정부의 당초방침과도 정면 배치되는 것 들이다. 수도권 규제를 완화하면서 지방분권과 국가 균형발전을 이룬다는 것은 어불성설이다. 그간 국가균형발전의 가장 큰 걸림돌은 수도권 집중이었으며, 수도권이 누려왔던 독점적 권한과 기형적 발전은 지방으로 분권, 분산되어야 함이 마땅한 일이다. 정부가 진정 우리 국토의 심각한 문제가 되고 있는 수도권 과밀화 해소와 지역균형발전을 목표로 행정수도 이전을 추진하고자 한다면 수도권 규제완화 시책은 지금 당장 철회해야 한다.

즉 행정수도 이전계획은 아사직전의 지방을 구제하는 길이기도 하지만 배 터져 죽을 것 같은 수도권의 비만장애를 개선하는 길이었음을 분명히 깨달아야 할 것이다. 현재 정부의 수도권 규제완화방침은 과도한 수도권 비만장애를 부추기는 것일 뿐이며, 이는 국가균형발전과 지방분권의 가치보다는 너무 비대해져 움직일 수 없는 기업들과 일부 기득권들의 이해만을 대변하는 개발전략을 자기 과제로 삼고 있다는 표현일 뿐이다.

따라서 수도권의 장기적 전망과 계획 없는 이러한 정치권의 선심성 발언과 정책추진은 국가균형발전정책의 걸림돌이 될 수 있으므로 논의를 즉각 중단하고, 정부는 스스로 국가의 지속가능한 발전방향과 정책목표에 대한 철학과 비전, 그리고 수도권의 삶의 질 향상을 통한 경쟁력강화를 위한 체계적 관리계획을 수립하여야 한다.

수도권의 삶의 질 향상과 경쟁력강화는 오히려 권역별 개발총량제 도입, 환경부담금제 확대, 지방으로의 기능분산, 이전된 기능의 수도권 재입지 제한, 수도권 개발부담금제 확대 등의 정책을 통해서만 실현될 것이다.

2005. 3. 23 중도일보 상아탑 칼럼

대수도론은 국가를 망하게 하는 지름길

최근 김문수 경기도지사가 화제이다. 그는 한나라당 국회의원 출신으로 지난 5.1지방선거에서 경기도지사에 출마해 당선된 인물이다. 그가 화제의 인물이 된 것은 경기도의 발전을 위한 큰 프로젝트를 추진해서라기보다는 수도권 규제완화를 주장하는 '대수도론' 때문이다.

대수도론은 지난 5월 17일 한나라당 정책위원회 주최 '수도권발전 비전발표 및 합의문 체결식' 에서 점화된 것으로 김문수 경기지사 당선자가 6월 6일 언론과의 인터뷰에서 규제완화 쪽에 무게를 실은 '대수도론' 을 거론하면서 본격화 되었다.

지금 우리나라는 국토의 기형적 개발로 인한 중증장애 현상으로 심각한 고통을 받고 있다. 현재 수도권은 국토면적의 12%에 불과한데도 인구는 전국의 48%, 생산기능은 60%, 경제·사회·문화의 중추기능이 80%가 집중돼 주택과밀, 교통지체, 환경오염 등 막대한 사회적 비용손실을 초래하고 있다.

흡사 지난 47년에 프랑스의 수도권 집중 문제를 제기한 지리학자 J. F 구라비의 '파리와 프랑스의 사막' 에서 "파리 수도권 이외의 지역은 모두 사막과 같다" 며 신랄하게 꼬집었던 것처럼 현재 우리나라는 서울과 수도권을 제외한 지방은 마치 한국사막이 아닌가하는 생각이 든다.

대수도론의 본체는 수도권규제완화로 경쟁력을 확보하고 결국 국가경쟁력을 확보한다는 것이다. 그러나 수도권의 규제완화가 이루어진다면 이제 겨우 싹트기 시작한 지방의 자생적 발전기반이 붕괴되고 지방의 쇠퇴가 심화될 것이다. 지방의 기업 및 공공기관 이전수요는 급격히 줄어들고, 이에 따라 지방 자체의 의존성이 더욱 커지게 될 것이다.

또한 수도권은 과대한 인구규모, 열악한 주거환경, 교통체증, 매연, 소음, 수질오염, 빈약한 교육, 의료, 복지수준과 같은 대도시문제로 인해 결국 주민의 삶의 질을 떨어트릴 것이다. 특히 수도권의 거대화된 인구규모는 북한 핵의 표적이 될 수 있어 오히려 국가발전에 장애요인이 될 것으로 생각된다.

대수도론은 이렇듯 뻔한 결과예측에도 불구하고 수그러들지 않고, 오히려 더욱 탄력을 받는 느낌이다. 대수도론으로 포장된 수도권규제완화는 정말이지 국가의 미래에 큰 짐이 될 수도 있다. 따라서 지방은 거대한 공룡과도 같은 수도권의 공략을 차단하고 국가의 균형발전을 수호하기 위해서 지방 나름대로 대수도론에 대응한 논리개발이 필요하다.

논리개발의 방향은 첫째, 국토의 균형발전 없이는 수도권의 경쟁력 강화가 있을 수 없고, 이를 무시한 대수도론의 추진은 오히려 수도권을 망하게 한다는 것, 둘째, 남북대치 상황 하에서 수도권이 커지면 국가경쟁력이 커지는 것이 아니라 오히려 국가가 위험해질 수 있다는 논리, 셋째, 국내기업이 해외로 나가는 것이 수도권규제 문제가 아니라 우리나라의 산업구조가 첨단산업중심으로 개편되고, 높은 인건비와 지가(地價)의 부담 때문이라는 것 등을 경험적 연구를 통하여 증명해야 한다.

J. F 구라비의 주장을 계기로 프랑스 정부는 50년부터 '지방분권정책' 을 펴게 되고, 이러한 분권정책은 80년대 이후에서야 빛을 보게 된다. 즉, "오늘날의 프랑스는 해체되지 않기 위해 권력 분산화가 필요하다" 고 1981년 대선 연설을 했던 미테랑 대통령에 의해서 프랑스는 지방분권으로 접어들게 된다.

루이 14세의 절대왕정과 나폴레옹의 절대권력으로 기억되는 유럽에서 중앙 집권적 전통이 가장 강한 나라 프랑스 역시 수도 집중이 심각했었기 때문이다. 이처럼 프랑스가 천년이 넘는 중앙집권의 역사를 버리고 2003년 헌법 제1조까지 개정하면서 지방 분권을 선택한 이유를 우리는 되새겨 볼 필요가 있다.

지방분권이 서서히 정착되고 있는 이 시점에서 국가를 망하게 하는 지름길인 '대수도론' 을 굳이 펼쳐야 하는가? 김문수 경기지사는 국가와 국민 앞에 좀 더 솔직해 지길 바란다.

2006. 11. 1. 중도일보 칼럼

수도권 규제완화, 정부가 미쳤다

"존경하는 국민여러분 심려를 끼쳐드려 죄송합니다. 제가 생각이 짧았습니다. 앞으로 국가균형발전에 온 힘을 쏟겠습니다."

지난주 금요일(11월7일) 배재대학교 행정학과가 마련한 '모의국무회의: 수도권 규제완화'에서 공방 끝에 당초 추진하려는 수도권 완화 정책을 철회하는 대통령의 사과 성명 발표 기자회견 내용이다. 젊은 대학생들의 눈에도 현 정부의 수도권규제완화정책은 잘못된 실책으로 보인 것 같다.

지난달 30일 정부가 국가경쟁력강화위원회를 열어 '국토이용의 효율화 방안'을 확정했다. 주 내용은 수도권에 있는 산업단지 안에서는 기업들이 규모나 업종에 상관없이 공장을 신설하거나 증설할 수 있도록 한다는 것이다. 또한 산업단지가 아니더라도 공장을 증설하거나 이전할 수 있게 된다. 그동안 수도권의 과밀방지와 국토균형발전을 위해 규제되어왔던 수도권 공장총량제를 풀겠다는 것이다.

그러나 이번 발표는 정부가 지난 7월말 '선 지방발전 후 수도권규제합리화'를 약속한지 3개월 만에 약속을 뒤집은 조치여서 당황스럽기까지 하다. 과연 이명박 정부에는 신의(信義)가 있기나 하며, 지방과 지방민을 국민으로 생각하기는 하는 것인지 참으로 불쾌하기 짝이 없다. 아마도 현 정부가 미친 것 같다.

지금 우리나라의 수도권 집중은 세계 최고 수준이다. 수도권의 인구는 전체인구의 50%에 육박하고 있다. 자본의 80%, 우수인재의 90%가 수도권으로 몰려 있는 것이 우리나라의 현실이다. 이런데도 중앙정부와 수도권은 마치 99석을 가진 부자가 겨우 1석 밖에 가진 것이 없는 사람에게 그 1석 마저 내놓으라고 하는 것과 같이 아전인수(我田引水)격으로 졸부행태만을 보이고 있다.

이런 발표가 있은 직후 수도권을 제외한 모든 지방이 단단히 뿔이 났다. 특히 수도권과 인접해 있는 충청남도와 충청북도, 강원도를 중심으로 강력히 항의하고 있는 상황이다. 정치권도 자유선진당과 민주당을 중심으로 망국적 행위라며 강력대응하고 있다. 그러나 언론에 비친 각각 주체들의 대응 전략이나 행태를 보면 한심스럽기만 하다. 한마디로 지금과 같은 각개전투식 투쟁과 이벤트식 대응으로는 효과가 없다.

모두에 언급된 모의국무회의 결론이 현실화되기 위해서는 각 주체들의 노력이 무엇보다도 필요하다. 첫째, 정치권은 이번 일을 계기로 지방의 현실을 정확히 이해하고 다시는 정부에서 이런 망책(亡策)을 내 놓지 못하도록 "지역 균형발전 장려 법안" 제정에 심혈을 기울여야 할 것이다. 또한 의원별, 정당별, 지역별로 분산된 투쟁보다는 힘이 집중될 수 있도록 종합적이고 전국적인 조직을 통하여 대응해 나가는 것이 필요하다. 지역정치인은 소 잃고 외양간 고치는 우를 범하지 말고 지금 결단을 내려야한다. 그것이 지역민들이 당신들을 선택한 이유이다.

둘째, 지방자치단체는 그동안 여러 곳에서 수도권규제완화 전조증상이 있었음에도 적절히 대응하지 못한 책임을 면하기 어렵다. 지금이라도 전국 지방자치단체 4대 협의체를 중심으로 지방의 목소리를 조직적으로 내야 한다. 선 지방분권이 이루어 질 수 있도록 현실적인 대안마련과 공조체제를 굳건히 해야 한다. "뭉치면 살고 흩어지면 죽는다"라는 말이 지금과 같은 상황을 두고 하는 말이다.

셋째, 시민사회단체와 언론은 지금의 난국을 해쳐나가는데 가장 큰 역할을 해야 한다. 왜냐하면 현재 조직력과 홍보력이 가장 뛰어난 집단이기 때문이다. 또한 지역의 전문가집단이라 할 수 있는 학계에서는 학자적 양심을 걸고 문제의 심각성을 토론하고 상생을 위한 대안을 창출하는데 최선을 다해야 할 것이다. 지역 최고의 지식인들이 뻔한 결과를 예견하고 침묵하는 것은 큰 죄인 것이다.

넷째, 지방민을 국민으로 보지 않고 무시하는 정권 앞에 어떻게 대응할 것인지 고민해야 한다. 이번만큼은 지방민도 국민이며 국민은 바보가 아니라는 걸, 살아있다는 걸, 모든 권력의 근본이라는 걸 보여줘야 한다. 만약 이 시기를 놓치면 평생 후회하며 살아야 될 수도 있기 때문이다.

지금 세계적인 추세는 집권이 아니고 분권이다. 얼마 전 미국대선에서 버락 오바마 민주당후보가 당선된 것은 이런 세계적인 흐름의 반영이다. 이명박 정부는 이런 세계의 흐름에 동승하여 훗날 성공한 대통령으로 평가되길 바란다.

2008. 11. 11 중도일보 시사에세이

정부여당, 충청권 홀대 도 넘었다

지난 18대 총선에서 한나라당이 이곳 충청지역에서 참패해서일까, 이명박 정부의 충청권 홀대가 도를 넘어서고 있다. 정권출범 초기부터 시작된 충청권홀대는 행정중심복합도시와 대덕특구에 대한 예산안 축소는 물론 국가균형발전위원회에 충청권인사가 배제된다는 소식으로 이어졌다. 그리고 몇 일전에는 이명박 대통령이 대선 때 핵심공약으로 내걸었던, 현 충남도청사를 향후 국립근현대사박물관으로 활용하겠다는 약속을 저버리고 서울 쪽에 건립하기로 해 요즘 충청도민들이 느끼는 배신감과 허탈감은 이루 말할 수가 없다.

오죽했으면 이완구 충남도지사가 자신이 속해있는 한나라당 지도부와 당정협의회 자리에서 정치적인 부담감을 무릅쓰면서까지 충청권 홀대론을 강력하게 제기했을까? 그만큼 절박했다는 얘기다. 그러나 충심(忠心)을 얻기 위해 왔다던 한나라당 지도부는 무성의한 태도로 충청도민들에게 실망감만 안겨 줬을 뿐 아니라 사소한 사안으로 지역의 수장에게 면박을 주기까지 했다. 그들이 한 말들 또한 진실성은 없어보였다.

그렇다고 이대로 절망 할 수만은 없지 않은가? 현재 우리 충청권이 실감하는 소외감을 극복한다는 것은 분명 쉽지 않은 문제이나 나름대로 해법을 찾고, 정치적 현실을 토대로 몇 가지 방안을 제시해 보고자 한다.

첫째, 지방자치시대의 지역발전의 핵심은 자치단체장의 역할이다. 현재 충청권 광역자치단체장 소속이 한나라당인 점을 고려하면 집권여당과의 소통에는 큰 문제가 없다. 그런데도 충청권이 홀대를 받는 것은 자치단체장의 정치력 부재를 탓하지 않을 수 없다. 정당소속의 자치단체장이라고는 하지만 지역발전을 위해서는 초당적인 행보가 요구된다. 당 소속의 지역 국회의원과 다양한 전략적인 협력체계를 구축하고, 지역 전문가와 지역출신 인재들을 체계적으로 관리하고 활용할 필요가 있다. 이제 자치단체장은 자신의 공적을 쌓기보다는 진정으로 지역발전과 지역민을 위하는 길이 무엇인가 고민해야한다.

둘째, 우리지역을 대표하는 정당이라 할 수 있는 자유선진당의 역할론이다. 지난 총선 때 대전충남에서 자유선진당에 몰표를 준 것은 J.P의 자민련이후 영남과 호남의 틈바구니에서 소외당했던 충청지역의 이익을 갈구한 지역민들의 염원이었다. 비록 지난 100여일동안 보여준 자유선진당의 모습은 실망스럽지만 충청지역에서 선진당의 역할이 중요한 만큼 철저하게 지역정당으로서의 책임을 다해야 한다고 생각한다. 최근 창조한국당과의 교섭단체구성으로 국회 내에서 입지가 강화된 만큼 가지고 있는 역량을 최대한 활용하여 지금까지 지역관련정책의 원활한 추진과 앞으로 있을 국책사업유치, 국고보조금 확보에 사활을 걸어야 할 것이다. 그런 모습을 보일 때 지역민들은 자유선진당을 신뢰하고, 결국 그 신뢰는 자유선진당의 전국정당화를 위한 초석이 될 것이다.

최근 정치권에서는 이곳 충청권 지역민들의 마음(忠心)을 얻고자 충청도를 방문하는 빈도가 잦아졌다. 그동안 각종 선거에서 선거결과의 바로미터가 바로 이곳 충심(忠心)이었기에 그럴 만도 하다. 문제는 방문하는 자세에 있다. 진실성이 있어야 한다는 얘기다. 그저 눈도장 찍기 식으로 이곳을 선택했다면 큰 오산이다. 자고로 충청도민들은 찾아오는 손님 마다 않고 가는 사람 잡지는 않지만 차곡차곡 심중에 기록하는 습성이 있기 때문이다.

진정으로 충심을 얻고자 한다면 지역민을 위한 진실된 마음, 지역발전을 위한 확실한 정책, 그리고 충청의 미래에 대한 선명한 비전을 보여줘야 한다. 정치권은 예와 의를 존중하는 충청도민을 더 이상 기만하지 말라. 그러다 큰 코 다친다.

2008. 8. 11. 중도일보 충청현장 이슈

지방정부 중심의 재난대응체계 구축되어야

이맘때면 2004년과 2005년 폭설의 악몽이 떠오르는 이들이 많을 것이다. 올 겨울도 강원 산간지역에는 벌써부터 폭설로 인한 많은 혼잡이 일고 있다. 특히 올 겨울 엘리뇨현상으로 기온변동 폭이 커져 기습적인 폭설 등 이상기온 현상이 발생할 것이라고 기상청은 보도한 바 있다. 이는 지난 7월 태풍 '에위니아'의 피해가 채 가시지도 않은 상황에서 걱정이 아닐 수 없다.

사실 우리나라는 태풍과 폭우 등 자연재난이 매년 반복적으로 발생하는 국가 중의 하나이다. 거기다 성수대교 붕괴, 삼풍백화점 붕괴나 대구지하철 화재사고와 같은 인위재난이 더해지고, 최근에는 각종 파업이나 조류 인플루엔자(AI) 등 사회재난까지 가세하여 그 어느 때 보다 재난에 대처하기 힘든 시기이다.

그러나 우리나라의 재난대응은 미흡하기 그지없다. 그나마 2004년 소방방재청이 신설되면서 정부의 관심이 나아지고 있지만 지방정부 차원의 재난대응은 너무나 미비하다. 즉, 중앙과 지방정부의 대응책임이 불분명하여 재난대응 시기의 적실성을 놓치게 되고 재난 피해만 커지게 된다. 지난 2004년 충청도 폭설 사례만 보더라도 지방정부는 어떻게 대처해야 할 지 갈피를 잡지 못하였고, 중앙정부의 때늦은 대응으로 재난피해는 더욱 가중 되었다.

이는 한국이 재난관리에 행정적 관심을 갖기 시작한 것이 얼마 되지 않았고, 역사적으로 볼 때 중앙집권적 통치구조로 말미암아 재난대응도 전통적으로 중앙정부가 담당하여 왔기 때문에 지방정부 중심의 재난대응체계는 미흡한 실정이었기 때문이다. 미국과 일본처럼 일차적인 재난 대응 책임은 지방정부가 지고, 대규모 재난발생의 경우에만 중앙정부가 지원하게 되는 것과는 사뭇 다르다.

그러면 신속하고 효과적인 재난대응을 위해서 무엇이 개선되어야 하는가?

첫째, 중앙정부와 지방정부의 역할 재조정이 필요하다. 미국과 일본의 경우 재난 대응의 일차적인 책임이 지방정부에 있다는 것을 법률적으로 규정하고 있다. 때문에 재난 발생 시 지방정부 차원에서 신속히 대처하게 되고, 또한 지방정부 나름대로의 조직과 기구 및 인력을 확보할 수 있도록 되어 있다.

둘째, 지역적 특성과 상황에 맞는 유형별 지방 재난대응체계 구축이 요구된다. 마찬가지로 미국 지방정부의 경우 나름대로 방재 계획과 조직을 확립하고 있어, 각 지역 특성에 맞는 재난관리가 이루어 질 수 있고, 일본도 지방정부가 재난의 최일선 기관으로서 나름대로 계획을 수립하고 재난에 대처하기 때문에 상황에 맞는 재난관리체계가 확립되어 있다.

셋째, 시민단체, 지역의 사기업, 중앙정부와의 유기적인 네트워크 형성이 이루어져야 한다. 재난 발생은 예기치 않은 상황에서 발생되는 것이기 때문에 상시적인 인력이 재난관리 활동에 매진 할 수는 없다. 따라서 재난 발생 시에 시민단체, 지역 사기업 및 중앙정부와의 유기적인 네트워크 활동은 필수적이다.

넷째, 지방의 재난관리 정보화가 조속히 갖추어져야 할 것이다. 즉, 부처와 각 기관 간에 상호 협력적으로 위기관리를 위해서는 무엇보다도 정보의 공유와 협조체제가 필요한데, 그러한 정보 공유와 협조체제가 이루어지기 위한 전제조건으로 지방의 재난관리 정보화 시스템의 구축을 들 수 있다.

다섯째, 지방정부의 현장 중심의 대응활동을 원활히 펼치기 위해서는 인력의 전문성이 요구된다. 따라서 지방정부의 재난관리 전문 인력을 양성하고 전문성을 키우기 위한 프로그램 등을 개발하여야 할 것이다.

향후 재난관리는 지방정부가 중심이 되어 지방의 사기업과 시민단체가 협력적으로 도움을 주는 재난대응이 무엇보다도 절실하다고 하겠다. 또한 재난관리의 최상위 역할을 담당하던 중앙정부는 지원자나 조력자로, 지방정부는 일차적 책임기관으로서의 위치로 변모하여야 한다.

2006. 11. 29 중도일보 칼럼

도-시·군 상생발전과 인사교류

최근 인적자원(human resource)에 대한 중요성이 강조되면서 지방자치단체의 우수인력확보를 위한 노력은 매우 다양하게 모색되고 있다. 특히 자치단체가 제한된 보유인력을 활용하고 있다는 점에서 우수인력의 확보는 매우 중요한 현실과제 이기도 하다.

지난 주말 이런 인사문제의 해법을 찾고자 청양의 한 호텔에 충남도내 시·군 인사담당자들과 우리나라 인사행정 분야에 내로라하는 전문가 등 60여명이 한자리에 모여 열띤 토론을 벌였다. 주요 의제는 도·시군 상생발전을 위한 인사교류의 활성화방안 모색이었는데, 1박 2일간의 이런 진지한 워크숍은 처음이었다.

왜 인사교류인가? 현재 우리나라 지방자치단체는 외부임용을 최하위 계층에게만 주로 개방하고 상위직위의 임용은 내부승진을 활용하는 폐쇄형 임용체계를 주된 원칙으로 삼고 있다. 이런 상황 하에서는 자체 인적자원의 쇄신을 통한 지역발전은 기대하기 어려운 실정이다. 따라서 외부로부터 유능한 인재를 초빙하기 위해서는 도-시·군 간 인사교류제도를 최대한 활용하는 것이 현실적인 대안이라 할 것이다.

충청남도와 도내 각 시·군 간에 이런 필요성을 인식하여 지난 2007년 1월 11일에 상호주의 인사교류 원칙 등 8개의 안을 만들어 협약식을 거행한바 있다. 그러나 현실적으로 나타난 도·시군간 또한 시군상호간 인사교류 실적은 최근 약간의 증가세는 있지만 아직도 미미한 수준에 그치고 있는 것이 사실이다.

특히, 도와 시·군간 인사교류는 도 공무원의 보직관리상 용도에 지나지 않고 있고, 시·군간 인사교류는 최초임용당시 연고지 배치를 받지 못한 공무원의 연고지 찾아가기나 부부공무원의 합류, 생활여건이 나은 시·군으로의 전출을 위한 용도로 이용되고 있는 것이 현실이다. 한마디로 이 제도가 자치단체의 경쟁력을 향상시키기 위한 방안으로 활용되지 못하고 있다는 얘기다.

지난 주 워크숍에서 시·군 인사교류담당 공무원들은 이 제도가 효과성이 발휘하지 못하는 원인으로 첫째, 인사교류에 대한 부정적인 시각, 즉 처벌회피수단으로 이용하고 있다는 측면, 둘째, 인사(승진)상의 불이익, 셋째, 조직의 배타성, 즉 새로운 조직에서 적응상의 어려움, 셋째, 자치단체장의 비협조, 넷째, 긍정적인 인센티브의 미비 등을 들고 있다. 따라서 이 제도가 진정으로 지방자치단체의 경쟁력을 확보하고 성장하는데 도움을 주기 위한 방안을 다음과 같이 제언하고자 한다.

첫째, 조직문화의 쇄신과 자치단체장의 인식전환이 필요하다. 자치단체장은 이 제도를 무능한 공무원을 방출하기 위한 수단으로 활용하기보다는 지역의 인재를 훈련하기 위한 전략으로 활용해야 할 것이다. 시·군상호간 승진임용예정자를 선발 교류하는 것도 하나의 방안이 될 것이다.

둘째, 보직경로제의 제도화가 필요하다. 보직경로제는 공무원의 단순한 순환전보를 제한하고 효과적으로 수행 가능한 전문 직무분야를 중심으로 일정한 그룹이나 범위를 한정하여 인력을 관리하는 제도를 의미한다. 즉 인사교류대상자의 직위를 고려하여 합리적인 직무가 부여되도록 일정한 직위간의 상호교류를 통한 보직경로의 제도화가 필요하다.

셋째, 인사교류자에 대한 사후관리와 확실한 보상이 필요하다. 즉 승진, 전보, 근무성적평정, 상훈 등에서 인사교류 대상공무원이 부당하게 차별을 받지 않고 우대받을 수 있는 실질적인 근거를 마련하고, 직급에 상관없이 확실한 물질적 혜택이 주어지도록 보상이 이루어져야 할 것이다.

최근, 중앙정부의 지방분권에 대한 소극적인 태도와 수도권규제완화 움직임은 아사직전의 지방정부를 더욱 힘들게 하고 있다. 인사가 만사라는 말이 있다. 이럴 때일수록 지역에 훌륭한 인재가 필요하다. 내부에서 구할 수 없다면 지방정부간 조화로운 파트너십(인사교류)으로 이 문제를 해결해야 할 것이다. 자치단체 간 상생발전을 위한 현명한 전략과 실천이 필요한 시기이다.

화력발전 지역개발세 과세 명분 있다

1995년 지방자치제가 실시되고, 참여정부 시절 지방분권과 국가균형발전 정책이 최대 국정과제로 펼쳐졌으나 지방재정은 여전히 중앙의존의 굴레에서 벗어나지 못하고 있다. 현 정부의 감세정책과 수도권규제완화 정책은 '블랙홀'과 같은 수도권의 집중화 현상을 부추기며 지방의 어려움은 계속되고 있다. 이처럼 현 정부의 정책들이 하나같이 수도권에 포커스를 맞추고 있어 상대적으로 지방은 희생을 감수할 수밖에 없다.

최근 재정학회와 자치단체를 중심으로 지방재정의 건전성에 대한 논의가 한창이다. 재정자율권의 제약과 만성적인 재원부족에 시달리고 있는 지방의 현실을 두고 지금 이대로는 안 된다는 절박감과 함께 공감대가 확산되고 있다. 학계에서는 지방소비 · 소득세의 도입으로 지방재정을 확충해야 한다고 주장하고 있고, 자치단체에서는 지역별로 특수한 상황 등을 고려하여 관광 · 지역환경 · 화력발전세 등 지방재정 확충을 위한 과세제도 도입의 필요성을 주장하고 있다.

최근 충청남도에서는 화력발전에 대한 지역개발세 과세를 요구해오고 있는데, 지방재정을 전공한 필자로서는 그 당위성과 과세형평성 차원에서 합당한 주장이라 판단된다.

첫째로, 수력발전은 1992년부터, 원자력발전은 2006년부터 지역개발세를 과세하고 있는데 반해, 발전량의 60%이상을 차지하고 사회적 비용을 더 많이 유발시키는 화력발전은 과세대상에서 제외되고 있어 형평성이 결여되어 있기 때문이다.

둘째, 화력발전으로 인한 주변지역의 직 · 간접적 피해가 광범위 하게 영향을 미치고 있는데, 발전소 주변지역을 방문해보면 알 수 있듯이 큰 철탑과 송전선 등이 거미줄처럼 뒤덮고 있고 바람으로 인한 전선소음과 더불어 주변 자연경관을 해치고 있어 경제적 손실과 지역의 특별한 희생에 대한 보상적 차원에서 필요하기 때문이다.

셋째, 화력발전소의 오염물질 배출에 따른 환경오염으로 사회적 비용이 무려 4.9조원에 이르는 것으로 연구발표 된 바와 같이 사회적 비용의 원인자부담원칙에 따른 지역개발세 과세는 타당성을 갖기 때문이다.

넷째, 화력발전소는 대부분 재정자립도가 취약한 전국 10개 시 · 도와 18개 시 · 군 · 구 자치단체의 바닷가에 위치하고 있어 균형개발 차원의 재원의 확보가 절실한 실정이다. 특히, 충남의 경우는 전국 화력발전량의 35.1%를 생산하고 있으나 그 중 30%만 충남지역에서 사용하고 나머지 70%는 서울 등 타 지역으로 송전되고 있다. 때문에 형평성차원의 지역개발세의 과세필요성은 더욱 강조되고 있다.

화력발전에 대한 지역개발세 과세입법은 지난 2007년도 말 국회에서 논의되어 상임위 법안심사 소위까지 통과되었다가 한국전력공사 등 관계기관의 강력한 반대와 연말 대선정국과 국회일정에 쫓겨 더 이상 심의되지 못하고 지난해 5월, 17대 국회 폐회와 함께 자동 폐기된 바 있다. 금번 18대 국회에서 이학재 의원(한, 인천 서 · 강화갑), 우윤근의원

(민, 전남, 광양) 등이 새롭게 제출한 2건의 「지방세법 일부개정법률안」이 현재 국회 행정안전위원회 전체회의를 거쳐 법안심사소위에서 심의를 앞두고 있다.

전국 시도지사 협의회에서도 지난 2월 수력 및 원자력발전이 주변지역의 경제적 손실을 보전하기 위해 지역개발세가 과세되고 있는 점을 고려할 때 더 많은 환경오염을 유발하는 화력발전소를 지역개발세 과세대상에서 제외하는 것은 모순이라고 지적하고 화력발전세의 도입을 촉구한 바 있다.

이 문제와 관련하여 한국전력공사는 전기요금 인상요인을 빌미로 반대의 입장을 분명히 하고 있다. 과세는 형평성이 중요하다. 자사의 안위만을 위해 무조건적인 반대는 설득력이 없어 보인다. 차제에 한전 등 관계기관에서는 전기요금 인상부분만 부각하여 국민을 호도할 것이 아니라 책임 있는 공기업으로서 자체 경영합리화를 통해 기업 건실화를 도모하고 나아가 지역사회발전에도 기여하는 대승적 차원에서 전향적인 자세를 보일 필요가 있다.

2009. 4. 17. 중도일보 금요논단

충남도청 이전부지 활용의 해법

지금까지 충남도청사 이전과 관련해 지역사회에서 많은 논의가 있어왔다. 핵심내용은 국가 등록문화재 제18호로 지정된 충남도청사의 문화재적 활용가치를 높이고, 주변 지역 도시기능의 재배치를 통한 원도심권의 상업·업무기능을 활성화시켜 충남도청 이전에 따른 악영향을 최소화시켜야 한다는 것이다.

2007년 12월 대통령후보 대전지역 공약으로 충남도청부지에 '근·현대사 박물관' 건립을 약속했으나, 2008년 8월 이명박 대통령이 주재한 건국 60주년 기념 사업위원회 회의에서 광화문 일원에 '현대사 박물관 건립(국립대한민국관)'을 발표하면서 충남도청 이전부지 활용은 다시 표류하게 되었다. 당시 공약파기에 대해 즉각적으로 대응하지 못한 것은 많은 아쉬움이 있다.

지방자치의 20년을 맞는 시점에서 충남도청 이전부지 활용을 놓고 또 다시 지역사회가 뜨겁게 달궈지고 있는 느낌이다. 지역의 문화단체와 대전시는 충남도청사의 활용은 '충남도청사가 갖는 역사성, 문화성, 상징성이 무엇보다도 우선시 되어야 한다'라는 의지를 갖고 있고, 지역의 상인과 중구청에서는 '중구청을 충남도청으로 이전하고 그 자리에 대규모 상업시설로 개발해야한다'고 주장하고 있다. 단순히 상업시설이

들어온다고 지역의 상권이 활성화된다는 것은 위험한 발상이다.

필자는 '중구청 이전'에 대한 주장이 장기적이고 종합적인 관점에서 제기된 것인가에 대해 의구심을 갖는다. 즉, 2012년 총선・대선을 앞두고 정치적으로 이용하는 것과 같은 순수성을 잃은 판단으로 생각한다. 또한 충남도청부지 활용이용이 국가사업과 연계를 갖지 못할 경우, 지방재정이 열악한 대전시는 부지매입비로 1000억 원 이상을 부담해야 하고, 설령 중구청이 민간에게 원활하게 매각된다 하더라도 약 600억원이 소요될 것이다. 현재, 경제상황을 감안하더라도 중구청의 원활한 매각은 불투명한 상태이고, 지속적으로 추진한다 하더라도 많은 시간이 소요될 것이며, 일정기간의 공동화현상은 지속될 것이다.

스페인의 빌바오는 경제적으로 침체된 도시였으나 구겐하임미술관 덕분에 많은 관광객들의 목적지가 되어 지역경제를 활성화시키고 도시재생의 성공적인 사례로 일명 '구겐하임효과'라고 부를 정도로 빌바오를 일약 문화예술도시로 바꾸는데 결정적인 역할을 하였음을 곱씹어 볼 일이다.

또한 유럽국가 도시들은 1985년 이후 도시가 간직하고 있는 문화적 가치와 문화발전의 양상을 홍보할 기회를 제공하기 위해 매년 '유럽문화수도(European City of Culture)'를 지정, 문화적 기반과 시설을 재정비하고 활성화를 도모하고 있다. 즉, 충남도청사와 같은 역사성과 문화적 가치를 갖고 있는 근대건축물 활용은 종합적이고 미래지향적인 접근이 필요하다. 우선 충남도청사가 갖고 있는 지역적 특색, 문화적 특성, 충청이라는 지역의 자존심, 그리고 국가발전 차원을 고려할 경우, 문화예술과 접목한 경제 활성화를 위한 해법이 최상은 아닐지라도 최적의 대안으로 설정할 수 있을 것이다. 충남도청사 건물은 문화적 가치를 보전하고자 국가가 지정한 등록문화재다. 문화적 자원을 활용하는 추세는 도시의 문화브랜드로서, 문화관광과 도시마케팅의 요소로서 크게 기여하게 된다.

따라서 충남도청 부지활용은 도시의 문화발전과 도시재생, 그리고 국가 발전에도 중요한 과제이므로 국가 차원의 지원을 넘어 국가의 의무인 것이다. 국가는 충남도청사부지 활용을 놓고 지역 내의 갈등을 더 이상 방관자 입장이 아닌 적극적 문제해결자로서 역할을 다해야 할 것이다. 또한, 미래지향적 관점에서 자치단체와의 소통과 협력을 통해 역사와 문화성을 바탕으로 한 '창조적 브랜드'를 만들어 문화발전과 도시재생 그리고 지역경제 활성화를 실현시키는데 주력해야 할 것이다.

2011. 12. 20. 중도일보 시사에세이

과학벨트, 충청권외 대안 없다

- 국제과학비지니스벨트와 위험한 정치도박 -

지난 2월1일 이명박대통령의 국제과학비지니스벨트 충청권입지 공약 파기선언으로 지금 충청권은 패닉상태에 빠져있고, 전국적으로는 남의 떡을 뺏기 위한 쟁탈전이 벌어지고 있어 이로 인한 국론분열과 갈등이 심화되고 있는 실정이다.

왜 대통령은 본인이 지난 선거과정에서 분명히 공약집에 제시한 공약을 부인(파기)하면서까지 위험한 도박을 하고 있는 것일까? 여러 가지 추측이 가능할 것이나 필자 생각으로는 임기 후에 대한 극도의 불안감 때문이 아닌가 싶다. 임기 초 미국산 소고기 수입반대에 대한 촛불시위와 대운하정책에 대한 반대운동, 전직대통령들의 자살과 죽음 그리고 6.2지방선거 결과를 지켜보면서 그 불안감은 더욱 커졌을 것으로 본다.

그동안의 대통령 선거를 분석해보면 충청권에서 승리한 후보가 무조건 당선된다는 것을 알 수 있다. 대통령이 바보가 아니라면 그것을 알 수 있을 것인데 세종시에 이어 국제과학비지니스벨트까지 발목을 잡는 이유가 무엇일까? 혹시 미래권력과 확실한 거래를 통한 극적반전을 노리는 정치드라마를 염두에 두는 시나리오가 아닌지 자못 궁금해진다.

현재 충청권에서 60%이상의 지지를 받고 있는 박근혜 전대표가 지금까지의 침묵을 깨고 대통령은 공약을 지켜야 한다는 발언을 하고 이를 대통령이 수용하는 모양새의 시나리오와 또는 그 반대의 설정, 물론 나만의 상상일 수도 있다. 하지만, 현재의 '친이 vs 친박' 갈등과 심의위원구성 등 현실을 보면 아주 엉뚱한 상상은 아닌 듯하다.

그러나 분명한 것은 그런 시나리오가 사실이 되어 미래권력이 승리해 여야 간의 정권교체가 이루어지지 않는다할지라도 역사가 말해주듯 그 도박의 대가는 언젠가 반드시 치르게 된다는 것을 명심해야 한다.

이제라도 대통령은 국론을 분열하고 지역 간 갈등을 조장하는 정치도박을 중지하고 정도의 정치, 책임정치를 실현하여 대통령이 그동안 그토록 갈구하던 선진한국을 만들어 가길 소망한다.

엄청난 지진과 쓰나미 그리고 원전피해 위험 속에서도 일본국민이 평상심을 잃지 않고 질서를 지키며 기다릴 수 있는 것은 선진시민의식이 기본이겠지만 정부에 대한 믿음이 더 크다는 교훈을 무시해서는 안 될 것이다.

2011. 3. 23. 금강일보 인터뷰

경찰, 변해야 산다.

최근 민중의 지팡이라 할 수 있는 경찰의 일탈행위가 극에 달하고 있다. 경찰 총수에서부터 말단 전·의경에 이르기까지 도미노로 이어지는 사건사고는 경찰의 존재감마저 의심케 한다.

"함바집비리의 중심에 선 강모경찰청장, 어머니를 살해하고 강도사건으로 위장한 대전둔산경찰서 이모경정, 단속대상인 불법 성인오락실을 운영하고 보복살인까지 저지른 배모씨, 남자친구의 폭력으로 여관에 피해있는 20대여성을 성폭행한 임용 8개월 된 양주경찰서 김모순경, 만취상태에서 운전하다 중앙선침범 후 3대의 주차차량을 들이받은 일산경찰서 황모순경, 만취상태에서 술집손님에게 행패를 부린 용산경찰서 장모경장..."

왜, 우리나라의 경찰이 이 지경까지 되었을까? 보는 관점에 따라 여러 가지 원인이 있겠으나 필자는 크게 3가지 정도로 지적하고자 한다.

첫째, 소위 윗물들의 문제이다. 후보시절 수차례 강조했던 세종시 원안추진과 국제과학비지니스의 충청권입지라는 공약을 헌신짝처럼 내던진 대통령, 인사청문회에서 수많은 비리의혹에도 불구하고 정권의 비호를 받아 취임한 경찰청장, 사리사욕을 위해 경찰의 자존심마저 건설현장 함바집에 팔아버린 전 경찰청장 등 소위 윗물이 흐리니 아랫물이 맑을리가 만무하다.

둘째, 지속적인 혁신부재의 문제이다. 정권교체기, 청장교체기 때마다 전시행정 차원에서 이루어졌던 혁신으로 그 때만 넘기고 보자는 의식이 팽배해져 있는 것이 문제이다.

셋째, 느슨한 조직문화의 문제이다. 공식적 직함보다는 "형님동생"의 호칭이 자연스러운 끼리끼리 문화, 비리로 걸려도 "재수 없게 나만, 설마 어떻게 하겠어? 언론이 잠잠할 때까지 조금만 자숙하고 있어" 하는 인정문화, 과도한 승진집착으로 동료 간 소통과 화합을 저해하는 폐쇄형 협조문화 등 내부조직문화가 문제이다.

그러면 어떻게 하면 이런 문제를 해결하고 우리나라의 경찰조직이 국민의 신뢰를 다시 얻을 수 있을까?

첫째, 윗물들의 신뢰회복이 중요하다. 전두환·노태우정권에서 확인할 수 있었듯이 지도자가 비리가 있으면 부하직원들의 비리는 불 보듯 뻔하다. 지도자가 거짓말하면 부하직원들의 거짓말은 일상화 되는 것이다. 윗물이 반듯해야 아랫물도 반듯하다는 기본적인 진리를 우리는 다시 새겨볼 때이다.

둘째, 지속적인 경찰혁신이 필요하다. 경찰독립의 명확한 비전과 목적을 설정하고 지속가능한 실천전략을 수립하는 것이 필요하다. 민간부분의 앞선 서비스정신과 혁신프로그램을 배우고 그것을 어떻게 경찰화(policization) 할 것인지를 고민하며, 참여직원들에 대한 성과보상관리가 마련되어야 한다.

셋째, 잘못에 대한 엄격한 법적용이 필요하다. 그동안 우리사회는 동료들의 잘못에 대하여 너무 관대한 측면이 많았다. 인정문화 탓도 있겠지만 담당기관(감사관)이 독립적이지 못하고 순환보직화 되어 있어 언제라도 내가 낭할 수 있다는 의식이 팽배해 있는 것도 문제이다. 제 식구 감싸기와 솜방망이 처벌로는 부패와 비리의 고리사슬을 끊을 수 없기에 강력한 처벌이 필요하다.

넷째, 체계적인 교육시스템이 필요하다. 조직을 변화시키기 위해서 교육만큼 좋은 방법은 없다. 문제는 얼마나 진정성을 가지고 하느냐, 지속적이냐가 중요하다. 승진에 목말라하는 직원들이 많은 만큼 교육과 승진과의 관계를 강화시키고, 내부 교육보다는 대학, 기업 등 외부 전문기관에 의뢰(위탁)하여 심도 있게 진행하는 것이 효율적일 것이다.

다섯째, 인사충원시스템개선과 보수의 현실화가 필요하다. 전문가에 의하면 직장인의 직무만족도와 청렴성에 가장 큰 영향을 미치는 요인으로 적성과 합리적인 보수수준을 들고 있다. 성적과 체력위주의 선발시험에서 인성과 경험(봉사)을 강화하는 방식으로 채용방식을 다변화할 필요가 있고, 공직자로서 품위를 지키고 업무량에 따라 합리적인 보수를 받을 수 있도록 현실적인 보수체계의 개선이 필요하다.

마지막으로 합리적 권위의 회복과 지역사회와 함께하는 참여경찰제 위상정립이 필요하다. 경찰의 권위는 경찰내부의 환골탈퇴 노력과 공평무사한 법집행, 그리고 국민들의 의식전환 없이는 불가능하다. 국민과 함께, 국민을 섬기는 따뜻한 지팡이가 될 때 비로소 국민들은 그대들을 "민중의 지팡이" 라 부를 것이다.

남북 주민 간 동질성 회복

우리는 최근 독일의 통일과정과 통일 후의 상황을 지켜보면서 앞으로 전개될 우리의 통일과정이 얼마나 어려운 과정인지를 예측을 해볼 수 있다. 독일의 통일은 우연히 가져온 역사적 부산물이 아니다. 독일 통일의 선례를 보면, 독일수상이었던 브란트의 동방정책을 통하여 1972년 동서독간의 기본조약이 체결된 이래 18년동안 6차례의 정상회담과 끊임없는 상호 교류 (물적, 인적)와 협력의 관계가 유지되는 가운데 민족적 동질화 노력과 치밀한 준비과정이 있었다.

그럼에도 불구하고 독일 통일 후 오늘날까지도 동서독 주민간의 심각한 심리적 괴리감과 갈등이 존재하고 체제 통합에 따른 사회문화적 충격이 가시지 않아 하나의 독일인으로서 융합과 내면적 통합에 적지 않은 어려움을 겪고 있다고 한다. 분단 독일은 우리의 경우와 달리, 2차대전의 결과 강대국들의 분할 점령으로 동서독이 분단되었기 때문에 민족 간 감정의 골은 없었다.

하지만 우리나라는 분단이후 6.25라는 동족상잔의 전쟁이 있었기 때문에 아직도 그 상처가 남아 있다. 또한 우리주변을 둘러 싸고 있는 중국, 일본, 러시아 강대국들이 국경을 마주 대하고 이해득실을 따지고 있는 형국이기 때문에 우리스스로 통일 한다고 해서 되는 처지가 아니다. 그렇기에 남북통일이라고 하는 대업이 우리 주체적으로 또 쉽게 되는 것이 아니고 철저하고 야무진 준비를 할 때만이 가능할 것으로 생각된다.

남북통일을 위한 남북 동질성 회복의 방향은 경제, 문화, 언어, 예술·체육, 교육 등 여러 방면으로 논의 될 수 있다.

첫째, 통일에 대한 남·북간의 기본정신을 갖는 것이 중요하다. 이를 위해서는 '역지사지(易地思之)' 즉 상대방의 입장에서 이해하려는 마음이 중요하고, 아울러 배재대학교에서 운영하고 있는 민족공동체 지도자과정과 같은 북한 바로알기 프로그램 개발과 시민교육을 활성화 해야 한다.

둘째, 남·북한 주민 간 만남의 기회를 확대하는 것이다. 정치적 목적을 가진 사업이나 형식을 중시하는 이벤트성 사업은 지양하고 역사연구와 보전, 문화예술, 스포츠 교류 등 순수 민간접촉을 장려하고 확대해 나가는 것이 필요하다.

셋째, 국제협력을 통한 교육프로그램을 지원하는 것이다. 구체적으로 경제운용, 경제특구개발 관련 경험, 금융, 조세관리, 통계 등에 관한 체계적인 교육 훈련을 지원하고, 장기적으로 통일 한반도의 성장 동력이 될 미래세대를 가르치고 인재를 키우기 위한 교육프로그램을 공동 개발하거나 제3지대에 북한 유학생들을 위한 무료 프로그램(농업, 경제, 의료 등)을 개발하고 지원할 수 있을 것이다.

마지막으로 남북 철도연결, 경제자유구역 확대, 금강산관광 재개와 관광지역의 확대이다. 위와 같은 의제 추진 방안으로 남북교류협력사무소 설치제안과 남북한과 UN이 공동으로 비무장지대(DMZ) 세계평화공원을 조성하고, 주변국과 함께 동북아개발은행을 설립하고, 동북아

평화구상을 발전시켜 북한의 안보우려를 다룰 수 있는 동북아 다자안보 협의체를 추진하는 것이다. 그리고 북한의 국제사회 편입지원을 위한 전제조건으로 비핵화를 제시하고, 북한의 핵 포기와 연계하여 북한의 국제금융기구 가입 및 투자유치를 적극 지원하는 것이 필요하다.

하지만, 이상의 프로그램들이 원활히 이행되기 위해서는 한반도 신뢰 프로세스가 중요하다. 그리고 그 방향은 일방향이 아닌 쌍방향에서의 신뢰프로세스가 적용 되어야 한다. 예를 들어, 북한의 어떠한 도발적 행동에도, 어떤 정권이 들어선다 해도 흔들리지 않는 믿음과 지원 그리고 교류가 선행될 때 북한의 변화를 기대할 수 있을 것이다. 독일의 경우처럼 말이다.

통일.

통일 언제 될까?
아무도 그 날 그 때는 모른다.
모르기 때문에 날마다 대기 태세
우리가 할 일만 어서 바삐 하는 것이 문제다.
어서 회개해야지.
가난과 압박 없어야지.
우리의 자아 발견을 해야지.
쉬지 않고 기도해야지.
오천년 긴 역사에
이루 헬 수 없는 희생내고
다듬어 낸 이 말.

이 도덕,
이 예술,
이 믿음을 건지기 위해
어서 한 나에 돌아가기를 눈물로 빌어야지.
또 막혔던 담 무너지고
손에 손을 서로 잡는 날
모든 부문에 있어서
어떻게 할 것을 미리 짜두어야지. (함석헌, 1985)

이글에서 함석헌은 통일이 언제 될지 모르기 때문에 늘 준비해야 한다("대기태세")고 말한다. 우리(씨알=민중)가 할 일만 바삐 하면 된다. 우리가 바삐 할 일은 바로 통일준비이다. 그러면 어떻게 통일을 준비해야 하느냐, 바로 "자아를 발견" 해야 한다고 하였다. 그 자아의 발견은 우리 민족이 여태까지 분단의 잘못을 반성("자기반성" = '회개')하고 "전체의 자리" 로 돌아가야 하는 "운명공동체적 전체사회" 임을 자각하는 일이다라고 하였다.(《뜻으로 본 한국역사》, 1962)

곧 60여년 갈라져 살면서 "모든 부문" 에서 이질화된 민족의 동질성(같은 운명의 공동체)을 회복하는 일이다. 그래서 이 시의 끝 부분에서 함석헌은 "오천년 긴 역사 · 도덕 · 예술" (모든 부문) 등에서 민족동질성이 회복되어야 한다고 보았다.

[출처] [함석헌] 통일의 과정은 '민족동질성 회복'이어야 한다.
http://blog.daum.net/phsminister/7491962

다산(多産)이 미덕이다

'덮어놓고 낳다보면 거지 꼴 못 면한다', '세살 터울로 세 자녀만 35세 이전에 낳자', '아들 딸 구별 말고 둘만 낳아 잘 기르자', '잘 키운 딸 하나 열 아들 안 부럽다', '하나씩만 낳아도 삼천리는 초만원', '둘도 많다'

이상의 표어들은 1960년대부터 1980년대 까지 정부가 산아 제한을 위해 주장한 표어들이다. 이런 표어 덕분에 1960년대 우리나라 가임여성 한 명이 낳는 출생아 숫자가 6명에서 2006년 현재 1.08명으로 낮아져 이제는 세계에서 가장 낮은 출산율의 나라가 되었다. 이러한 급격한 출산율의 저하는 고령화로 이어져 국내 경제의 활력을 떨어뜨리고, 노년의 빈곤문제를 야기하고, 노동력부족으로 생산성을 끌어내리는 결과를 낳고 있다.

이러한 인구감소에 따른 문제점을 인식한 정부에서는 2000년 이후 인구정책을 산아제한에서 출산장려 쪽으로 전환하여 다산장려정책을 실시하고 있다. 한마디로 다산이 미덕인 세상이 된 것이다. 그러나 정부의 노력에도 불구하고 한번 줄어들기 시작한 출산율은 계속적으로 줄어들 뿐 증가의 기미를 보이지 않고 있어 걱정이 아닐 수 없다.

그럼 이 시점에서 어떻게 하면 출산율이 증가할 수 있을까?

먼저 그 원인부터 분석하는 것이 순리일 것이다. 그동안 각종 연구결과와 여론조사를 분석해볼 때 저출산의 원인은 크게 세 가지 정도로 요약 할 수 있다. 첫째, 고비용의 교육비 부담이다. 우리나라의 교육풍토 상 이 문제는 쉽게 해결될 수 있는 문제는 아니다. 이에 교육부가 중심이 되어 저비용 교육시스템을 마련하고, 세 번째 자녀부터는 대학 및 사교육비를 감면하거나 면제하는 방안을 적극 모색해야하고, 3명이상의 자녀를 가진 가정에 대해서는 지방세를 감면해 주거나 소비활동시 각종 할인혜택을 실시하는 등 경제적 부담을 줄여줘야 할 것이다.

둘째, 여성이 일과 육아를 병행할 수 있는 지원책이 부족하다. 최근 여성 취업률이 49.8%에 이를 정도로 경제활동의 주요 축으로 등장하고 있다. 그러나 아직도 많은 여성들의 경우 아이를 가지면 직장을 그만두어야 하는가에 대한 문제로 고민하고 있다. 따라서 정부에서는 직장규모가 큰 경우에는 직장 내에 의무적으로 탁아소를 설치하도록 법을 제정해야 한다. 특히 관공서나 대학 그리고 동마다 국립탁아소를 설치하여 육아에 대한 부담을 줄여 줘야하고, 아이를 가진 산모 또는 어린아이가 있는 직원에게는 특정기간동안 파트타임근무를 할 수 있도록 제도적 장치가 마련되어야 한다. 또한 비정규직여성이 출산함에 따른 강제퇴직을 금지할 수 있는 제도적 장치가 마련될 때 다산을 기대할 수 있을 것이다.

셋째, 결혼연령의 상승이 원인이다. 즉 결혼 연령이 높아질수록 가임기간 단축, 후천적 불임, 자녀양육의 육체적 부담 증가 등으로 인해 출생아수가 감소한다. 실제로 20~24세 결혼여성의 평균출생아는 1.94명이나, 30~34세 결혼여성은 1.22명, 35~39세 이상 결혼여성은 0.73명으로 감소한다는 통계 자료가 있다. 따라서 정부에서는 결혼친화적인 사회풍토를 조성하기 위해 공공임대주택을 늘려 저비용으로 가정을 꾸릴 수 있는 주택정책이 필요하고, 젊은이들에게 결혼자금을 대출해주고 장기간에 거쳐 회수하는 방안도 검토해야 한다. 또한 학생들에게 결혼의 당위성과 장점 등에 대한 교육과 동시에 공중파방송의 노력이 필요하다. 요즘 드라마를 보면 결혼으로 나타날 수 있는 긍정적인 요인보다 부정적인 요소인 이혼, 갈등, 고부간 갈등 등을 부각하여 반영하고 있는 것은 문제가 아닐 수 없다.

최근 이렇듯 저출산이 국가적인 문제로 대두되고 있는 가운데, 충남도 교육청에서 자녀를 3명이상 낳은 교원에게 근무지를 마음대로 고르는 것을 뼈대로하는 '다출산 교원 우대 인사정책'을 제정해 화제가 되고 있다. 이번사례가 나비의 날갯짓이 되어 큰 효과가 일어나길 기대해 본다.

2006. 8. 10. 중도일보 목요세평

HESSEN
Vielen Dank für Ihre
Aufmerksamkeit!

행정중심복합도시 원안추진 촉구를 위한 대전 · 충청지역교수 선언 기자회견

공명선거관리 유공 포상 수여식

대한민국
대통령실

|chapter 3|

지방정부

'대전 0시 축제'그 성공의 조건

0시, 1Km, 3개, 7일, 8개, 14년, 18m, 20개, 28개, 68개, 77개, 700m, 1905년 1932년, 1956년, ∞, 이 숫자들의 의미가 궁금하다면 8월 11일부터 17일까지 대전 중앙로 일원(대전역~옛충남도청)에서 열리는 "대전 0시 축제"에 가면 된다. 필자도 궁금하다. 그래서 축제기간 내내 현장 구석구석을 누비며 이 숫자들의 비밀을 풀며 마지막 무더위를 즐기고 싶다.

'대전 0시 축제'는 이장우대전시장이 2009년 동구청장 시절에 구차원에서 개최했다 멈춘 뒤 14년만에 몸집을 키워 시 차원에서 부활시킨 경험이 있는 야심작이다. 지난 1년 이시장의 여러 성과들(방위사업청 대전이전확정, 반도체 국가산업단지 지정, 우주산업클러스터 연구·인재 특화지구 지정, 세계지방정부총회 성공리 개최 등)을 되짚어보면 이 또한 기대되는 빅이벤트(big event)라 생각한다.

'대전 0시 축제'는 현재 주최측에서 던져준 보도물들을 보면 준비는 완벽해 보인다. 이장우 시장의 선거 공약이기도 하고, 30억에 가까운 역대급 예산과 많은 인력이 투입되고 있고, 지역의 자발적인 참여들이 예정되어 있어 축제성공에는 의심의 여지가 없어 보인다.

다만 나라 분위기가 심상치 않다. 장기간 1,171억원의 막대한 예산과 인력을 동원하고도 국제적 망신거리가 되고 있는 2023 새만금 세계스카우트잼버리도 그렇고, 갈지자(之) 행보를 보이다 한반도를 관통하고 있는 6호 태풍 "카눈" 도 그렇고, 지금 우리나라를 공포로 몰아넣고 있는 '묻지마 범죄' 도 그렇다. 이럴 때 일수록 좀 더 꼼꼼히 준비하고, 한번 더 촘촘히 점검하고, 강력한 리더십으로 축제를 치러야 할 것이다. 요즘 나라의 걱정을 미래 대전의 희망으로 승화시키는 계기가 되길 희망하면서 축제 성공조건과 관련하여 몇가지 제언을 드린다.

첫째, 안전이다. 폭염으로부터 안전, 묻지마 범죄로부터 안전, 코로나 19 재확산으로부터의 안전, 주취자들의 난동으로부터 안전, 축제형 성범죄로부터의 안전 등 아무리 강조해도 지나치지 않는다. 이는 경찰, 소방, 병원 등 유관기관들과의 협업과 철저한 사전 점검만이 해결책이다. "사고 나면 다 묻힌다."

둘째, 차별화이다. 어디에서나 있을 법한 이벤트로는 참가자들의 마음을 사로잡지 못할 것이다. 전국에 유행처럼 번지고 있는 문화재야행(夜行)축제, 추억으로 재미보는 7080축제, 원도심 활성화가 주된 목적인 도시재생축제 등과 완전히 다를 수는 없지만 대전만의 맛과 색이 빛나는 차별화 전략이 필요하다.

셋째, 참여이다. 축제는 모든 참여자가 문화의 향연을 창출하며 서로의 마음을 열고 참여를 즐기며 나아가 그 속에서 자발적으로 행복을 찾아가는 것이다. 축제가 주는 감동은 많은 예산도 아니고 화려한 행사나 거대한 이벤트에서 오는 것이 아님을 주최 측은 명심하길 바란다.

2023. 8. 11. 충청투데이, 시론

대전의 정치와 미래

대전은 광복 후 일제강점기 때 제도를 이어오다가 1949년에 대전시로 개칭되었다. 1950년 6.25전란으로 도시의 상당부분이 파괴되었던 대전은 전후복구와 급속한 인구증가로 중부지방의 행정, 문화, 경제의 중심도시로 발전되기 시작했고, 도시의 확장에 따라 대전을 둘러싸던 대덕군이 대전으로 편입되고 1989년에 직할시로 승격되었다. 그리고 1995년 민선자치의 실시에 따라 대전광역시로 개칭되면서 충청남도의 도청소재지에서 중부지방의 중핵도시로 눈부신 발전을 이루며 대표적인 행정도시로 자리하게 되었다.

대전(충청)의 정치적 특성을 분석해보면, 대통령선거(14대-20대)에서는 대전(충청)지역에서 선택한 후보가 모두 대통령에 당선되었으나 2위와의 득표율 차이가 20%이상 나는 경우가 19대 문재인 대통령을 제외하고는 없으며 표가 골고루 분포되었다는 것을 확인할 수 있었다. 그런 반면에 역대 대전광역시장의 경우(관선제외)는 최근에 치러진 제7대 허태정시장, 제8대 이장우시장을 제외한 제1대-제6대는 집권여당의 후보를 선택하지 않고 야당후보를 선택했다는 것이다. 국회의원선거의 경우는 지역정당이 활발했던 시기(15대 총선-자유민주연합, 18대 총선-자유선진당)와 대통령탄핵시도로 온 나라가 혼란스러웠던 17대(열린우리당), 코로나 팬데믹 상황에서 치러진 21대(더불어민주당)에는 한 정당이 싹쓸이 승리하는 결과를 가져 왔다. 그리고 19대(2012) 20대(2016)에서는 신도심(서구/유성구)은 진보정당이 구도심(동구/중구/대덕구)은 보수정당에서 승리하는 양상을 보였다.

대전(충청)의 지역정당의 역사를 살펴보면, 1995년 창당되고 2006년 해산된 김종필 중심의 자유민주연합(15대 50석, 16대 17석, 17대 4석), 2006년 창당되고 2008년 해산된 심대평 중심의 국민중심당(2007년 6석), 2008년 창당되고 2012년 해산된 이인제·이회창 중심의 자유선진당(18대 18명, 19대 5명), 2010년 창당되고 2011년 해산된 심대평중심의 국민중심연합 등이 있다. 실질적으로 영향력이 커 캐스팅보트의 역할을 했던 자민련과 선진당 이후로 충청을 대변하는 정당은 없다고 볼 수 있다.

대전(충청)지역의 정치를 한마디로 평가하기는 쉽지 않다. 그러나 필자가 지난 20여년간 지역에 살면서 느꼈던 것은 "지역에 어른이 안 계신다는 것" 이다. 나름 중앙무대에서 힘을 쓰는 인물들도 있었지만 개인이었지 지역을 대표하는 우리들의 리더는 아니었다는 생각이 든다. 지금도 그렇다. 대전시로 범위를 좁혀보면 "갈등과 증오의 심화로 혼돈의 세월" 이었다고 평가할 수 있다. 특히 전·현직 시장들간의 그 현상은 지역발전을 정지시키는 중요한 요인으로 작용했다고 판단된다.

하루 아침에 계시지 않는 어른을 찾을 수는 없는 법이다. 오랜 시간동안 고착된 증오와 갈등이 풀릴 일도 만무하다. 어찌 보면 주인 없는 도시의 운명일 수도 있을 것이다. 이제 젊은 시민들이 나서야 할 때다. 내가

이 땅의 주인이고 미래라는 확신과 참여의식을 가지고 젊은 시민들이 나서야 할 때다.

2022. 12. 6. 목요저널

대전시 공직부패에 대한 처방

요즘 대전시가 공직건설비리 등과 관련하여 전국적인 부패오염지구로 낙인찍히고 있다. 대전시에서 공무원비리는 이번만이 아니라 민선이후 거의 매년 되풀이 되어온 관행이라는데 문제의 심각성이 있다. 지난날 소각로 비리사건, 다림비젼 주식로비사건, 골재비리사건에서 이번 건설비리사건에 이르기까지 연이은 공무원들의 부정부패는 이권이 있는 곳마다 조직적인 비리가 있다는 사실을 확인시켜주고 있다.

그럼에도 불구하고 대전시장과 감사관계자들은 비리의 금액이 적다는 식의 엉뚱한 해명을 하는가 하면, 이해관계자로부터는 일체의 금품과 향응을 받지 못하게 되어 있는 공직자 윤리강령에도 불구하고 유관기관에 재직 중인 공직자들에게 소액의 행사비를 찬조한 것에 지나지 않는다는 일이라며 부정부패를 축소하고 감싸는 식의 발언을 일삼는 등 안일한 대응을 하고 있어 근본적인 해결을 갈망하는 지역민들의 가슴에 다시금 실망감을 안겨주고 있다.

공무원부패는 왜 반복적으로 생겨나는 것일까?

지방자치를 연구하는 학자들은 첫째, 지역주민과의 연고주의적인 은밀한 이해관계에서 발생하는 각종 로비문화, 둘째, 지방주민들의 도덕적 의식의 빈약, 셋째, 지방공직자의 개인적 윤리의식의 미비, 넷째,

최고관리층의 낮은 반부패 의지, 다섯째, 조직내부의 미약한 부패감시활동, 여섯째, 행정절차의 불명확성과 비민주적인 의사결정과정, 일곱째, 불건전한 시민문화의식 등을 주요원인으로 지적하고 있다.

이와 같은 지적을 바탕으로 공무원부패 방지를 위한 몇 가지 방안을 제시하고자 한다.

첫째, 지역구성원의 노력이 필요하다. 먼저 주민들은 그동안 대부분의 지역부패가 지방자치시대에 맞는 주민들의 역할이 부족하였음을 인식하고 주민들의 도덕적 의식과 공공의식을 스스로 향상시킬 수 있도록 노력해야 한다. 공무원들은 자신의 역할이 주민들을 대표하여 행하고 있음을 인식하고 자신의 결정이 나와 주민의 복지향상에 큰 영향을 주고 있음을 이해해야 할 것이다. 그리고 지방의원들은 주민들이 부여해 준 권한을 성실히 수행할 수 있도록 전문적 지식과 건전한 소양을 함양하기 위해 노력해야 할 것이다.

둘째, 법・제도의 개선이 선행되어야 한다. 먼저 지방공무원 인사시스템이 개선돼야 하는데, 이를 위해서는 ①자치단체장으로부터 지방인사위원회의 독립성확보가 필요하다. ②행정윤리를 담당하는 특별공무원 직렬신설 및 배치를 통하여 공무원사회에 조직문화의 새로운 바람이 불어야 한다. ③지방의회 사무처 공무원의 인사권이 독립되어야 한다. ④국가차원의 반부패 정책의 통합운영과 지방자치단체의 반부패위원회의 설치가 필요하다. ⑤자체감사기능의 내실화와 실효성 확보를 위하여 단체장으로부터 감사관을 독립시키고, 자체감사의 피감대상자 범위에는 지방정치가도 포함시키도록 하는 지방자치단체의 자체감사제도의 개선이 필요하다.

셋째, 주변환경이 개선되어야 한다. 이를 위해서는 지역정치 민주화와 공무원의 정치적 중립이 필요하고, 중복 외부감사금지 등 감사활동조정이 이루어져야 할 것이다. 또한 주민의 행정통제기능을 활성화하기 위해 중앙정부의 법제도에 의해 수동적으로 제도를 도입하는 것보다 지방자치단체에서 스스로 시민감사관제도, 주민참여예산제도, 시민준공검사제 등 지방자치단체 활동전반에 주민참여 프로그램을 확대 적용해야 한다.

암은 살을 도려내고 종합적인 항암치료를 병행할 때 고칠 수 있는 것이다. 재발방지를 위한 근본적인 종합대책의 수립과 관련 책임자에 대한 단호한 처벌이 필요한 것이다.

2005. 9. 27 중도일보 오피니언 기고

세종특별자치시, 그 성공의 조건

자치분권과 균형발전은 현대국가의 시대적 요청이며 대세이다. 우리나라 역시 미래발전을 도모할 절박한 필요로부터 과도한 수도권 밀집을 해소함과 동시에 국가기능의 분산이란 과업을 이루고자 세종특별자치시를 추진하였고, 우여곡절 끝에 지난 7월 1일 전국 17번째 광역자치단체로 공식 출범을 하게 되었다. 세종시는 총 사업비 22조 5000억원을 투입하여 9부 2처 2청 등 36개 국가기관이 들어서는 건국 이래 최대의 프로젝트이다.

그러나 여전히 세종시가 계획대로 잘 추진될 것인가에 대한 우려가 있는 것도 사실이다. 그동안 정치적 상황이나 이해득실에 따라 원안과 수정안 논란을 반복했기 때문이다. 당장 내년 2월에 출범하는 제18대 정부가 조직개편을 할 것으로 분명하게 예상되는 만큼 이런 논란은 당분간 지속될 수밖에 없을 것이다. 하지만 흐르는 물을 거꾸로 되돌릴 수 없는 것처럼, 이미 전체 예산의 30%정도가 투입되었고, 정부기관 청사도 계획대로 추진되고 있는 만큼 흔들림 없이 진행 될 것임을 확신한다.

이제 남은 과제는 중앙보다는 세종시 내부에 있다. 기초자치단체에서 광역자치단체로 급작스런 직위상승에 따른 가치혼란, 구도심과 신도심의 개발격차에 따른 갈등이 예상되기 때문이다. 따라서 세종시의 성공 여부는 외부요인에 의해서 결정되기 보다는 내부 구성원들의 역할에 의해 결정될 가능성이 높기 때문에 그 어느 때보다도 내부 구성원들의 올바른 역할이 중요한 시점이란 판단에서 몇 가지의 당부를 드리고자 한다.

첫째, 유한식 초대시장에게 바란다. 더도 덜도 말고 '세종'이란 이름에 걸 맞는 행정을 펼쳐주시길 기대한다. 각종 제도를 정비해 세종시의 기반을 굳건히 하고, 명품도시건설과 전통문화를 융합하여 신구조화를 이루고, 지역인재를 양성하여 두루 기용함으로써 자치역량을 강화하고, 위민정치와 이런 역량들을 바탕으로 중앙과 인근 자치단체와 우호적 관계를 형성한다면 부족함이 없을 것이다. 짧은 2년의 임기, 어떻게 사용하느냐가 자신과 지역 그리고 국가의 명운을 좌우한다는 사실을 명심하길 바란다.

둘째, 세종시 초대의원들에게 바란다. 기초와 광역, 그리고 충북과 충남 출신들로 구성된 세종특별자시의회는 다양성만큼이나 많은 역할을 해야 하고, 역할 또한 매우 중요하다. 소지역주의에 얽매이지 말고 새로운 역사의 주인공으로서 소명의식을 가져야 한다. 또한 광역의회로 출발하는 만큼 보다 적극적으로 전문성 향상을 위한 노력과 시스템구축에도 게을리 해서는 안 될 것이다. 그리고 지금 현실에선 지역의 전문가들을 잘 활용하여 부족함을 채우는 지혜도 필요하다. 전문가 멘토링제는 주어진 현실 속에서 가장 효율성이 높은 제도이다.

셋째, 세종시민들에게 바란다. 누가 뭐래도 위대한 세종시를 지켜낸 사람은 지역주민들이었다. 지금까지는 물리적인 힘도 필요했다면 이제부터는 슬기로운 지혜와 조직된 힘이 필요하다. 이를 위해서 민주시민의식의 함양과 함께 주민들의 적극적인 시정참여가 선행되어야 한다. 사랑의 반대말은 미움이 아닌 무관심이라는 말이 있다. 적극적인 관심과 긍정적인 생각 그리고 부지런한 참여정신으로 명품도시 세종의 주인이 되길 바란다.

넷째, 언론과 NGO단체에 바란다. 요즘 세종시에 우후죽순처럼 생겨나는 것이 언론사이고 시민단체들이다. 관(官)에 강한 것이 이런 기관들이고 보면 예견된 결과라고 할 수 있다. 다만, 이런 기관들은 양날의 검과 같아서 잘 쓰면 선(善을) 이루지만 잘못 쓰면 큰 화(禍)를 불러온다는 점을 꼭 기억해주길 바란다. 물론 지금까지의 경험에 비추어보면 이런 기관들이 국가발전에 큰 역할을 한 것은 틀림없는 사실이다. 걱정스러운 것은 세종시에 생겨나는 이들 기관의 숫자가 너무 과하다 싶을 정도로 많다는 생각이다. 여하간 언론과 NGO단체는 세종시의 완성을 위하여 빛과 소금의 역할을 철저히 해주길 부탁한다.

세종시가 성공하느냐, 실패하느냐는 이제 전적으로 지역의 정신에 달려 있다. 각자의 역할에 충실하며, 개인의 이익보다는 공익을 생각하는 민주시민정신과 공동체의식이 필요한 시점이다.

필자는 오늘 "민본정치(民本政治), 위민행정(爲民行政)" 을 펼친 600여 년 전 세종대왕의 환생을 기도해 본다.

2012. 7. 3. 중도일보 시사에세이

지방공기업 사장 인사의 방향

최근 대전시 지방공기업 임원인사와 관련하여 매우 시끄럽다. 한나라당 대전시당과 대전시 측에서는 "전임시장이 임명한 사람은 물러나야 하는 것이 도리이고 이건 관례다" 라는 입장이고, 시 산하투자기관 노조와 현직 공기업임원들은 "전임시장이 임명한 사람들이지만 임기가 정해져 있는 만큼 보장해 주어야 한다" 는 입장이다. 또한 지방의회는 지방의회 나름대로 이번기회에 "지방공기업임원에 대한 인사청문회를 도입하자" 고 주장하고 있다.

각자의 입장에서 보면 일리가 있는 주장들인 듯싶다. 그러나 중요한 것은 금번 지방공기업 인사문제의 본질은 지금과 같은 집단이기적인 접근방식으로는 근본적인 해결이 될 수 없다는 것이다. 왜냐하면 이런 현상은 자치단체장이 바뀔 때마다 나타난 현상이었기 때문이다. 사실 금번 논의의 핵심방향은 "지역경제의 활성화와 지방재정의 건실화에 기여하는 혁신적인 지방공기업 인사시스템 확립" 이라 생각된다. 따라서 차제에 이문제가 충분한 논의를 통하여 깔끔하게 마무리 되었으면 하는 바람이고, 이를 위한 몇 가지 방안을 제안하고자 한다.

첫째, 대전시의 지방공기업 사장단에 대한 사퇴압박은 바람직하지 못한 처사인 것 같다. 과거 관례라는 주장은 설득력이 없다. 철저한 경영실적평가를 통해 최고관리자의 전문성과 기업성과의 문제로 인한 인사조치 외에는 관련법에 의해 임기를 보장하는 것이 바람직하다. 이보다는 시민들의 복리증진을 위해 경영하는 기업의 서비스 평가를 강화하고 책임경영을 위한 시민과의 성과계약 제도를 도입하여 공기업 임원의 책임성 강화를 유도하는 것이 바람직할 것이다. 따라서 공직자의 의식변화에 앞장서야 하는 단체장이 관례를 들어 공기업사장을 사퇴하라 마라하는 행동은 적절치 못하다.

둘째, 이번 일을 계기로 지방공기업 경영평가기능을 강화하고 이와 연계된 임원인사의 문제점을 분석하여 발전방안을 모색하는 계기로 삼아야 할 것이다. 책임경영을 강화하고 이와 관련하여 공사·공단의 경영관리와 고객만족을 제고하기 위한 시스템을 구축하여 낙하산이나 선거후 벌어지는 논공행상식의 관례를 지양해야 한다. 그간의 방만한 경영과 지방자치단체의 과도한 개입은 지방공기업의 존립 목적인 시민의 삶의 질 향상을 도외시한 결과이다. 따라서 지방공기업의 실질적인 공공성을 확보하고 경영합리화를 추진하기 위해서라도 경영성과를 평가하는 제도를 도입하여 공기업 인사시스템과 연계하고, 낙하산의 문제점을 해결하기 위해서 퇴직공무원이 일정기간동안 지방공기업 임원에 선임되는 것을 제한할 필요가 있다.

셋째, 지방공기업 임원인사에 대한 지방의회의 인사청문회 도입주장에 일리가 있다고 생각한다. 지방의회 인사위원회의 도입효과는 자치단체장의 인사전횡을 막을 수 있다는 것, 부적절한 인사를 사전에 걸러내 경영합리화에 기여할 수 있다는 것, 그리고 검정절차를 거친 자에겐 임기보장과 안정적인 조직운영의 장치가 된다는 것이다. 그러나 현실적으로 상위법인 지방공기업법이나 지방자치법이 개정되지 않으면 불가능한 얘기일 수 있다. 왜냐하면 얼마 전에 전라북도의회가 제정한 조례안이 대법원에서 자치단체장의 인사권이 침해된다는 이유로 무효판결이 났기 때문이다. 그러나 지방공기업사장의 낙하산임용과 사장추천위원회의 유명무실을 막기 위해서라도 언젠가는 꼭 도입되어야 하는 제도라 생각된다. 따라서 전국지방의회협의회나 관련학회 등에서는 지속적인 공론화와 법제화를 위한 노력을 펼쳐야 할 것이다.

그동안 지방공기업은 방만한 경영과 낙하산인사 등으로 주민들에게 실망을 안겼던 것이 사실이다. 이번 일을 계기로 지역민을 위한 공공서비스를 제공하는 공기업 본연의 모습으로 거듭나길 바란다. 키(key)는 분명히 자치단체장의 몫일 것이다. 신임 박성효시장의 현명한 선택을 기대해 본다.

2006. 9. 7. 중도일보 목요세평

대전시민 의식조사 의미

"민심 바로 읽고 변화의 길 모색"

"도시철·과학벨트 등 잇단 갈등 속 정책방향 중요기준 될 것"

대한민국의 중도(中都), 대전시는 최근 직·간접적으로 성장통을 겪고 있다. 거시적으로 보면 세종시와 과학벨트 문제, 그리고 지역정당의 새로운 변화의 움직임이 그렇고, 미시적으로는 대전도시철도 2~3호선과 관련된 지역간, GO-NGO간 갈등확산이 그렇다.

중도일보 창간 60주년을 맞아 실시한 이번 대전시민 의식조사는 이러한 지역환경 속에서 시민들의 마음을 읽고 새로운 방향을 모색하는데 중요한 기준이 될 것이다. 이번 조사를 통해 우리는 몇 가지 중요한 시민들의 생각을 읽을 수 있었다.

첫째, 대전 시민들은 대전이 대한민국의 신중심도시이고, 시민으로서 자부심을 느낀다는 것이다.

둘째, 도시철도 2호선과 관련해 66.4%가 건설이 필요하다고 느끼고 있고, 이들 중 절반이상이 경전철을 선호한다는 것이다.

셋째, 80% 이상의 많은 시민들이 지난 1년 동안의 대전시정에 대해

만족하고 있고, 염홍철시장에 대해선 대전의 대표정치인이라고 생각한다는 것이다.

마지막으로 내년 총선과 관련해서는 '청렴성'과 '도덕성'을 후보들의 덕목으로 가장 많이 선호하는 것으로 나타났다는 것이다. 시민들의 마음을 읽는 것은 중요한 일이다. 그런데 더 중요한 것은 일회성이 아니라 연속성을 가지고 읽는 것이다. 60년을 맞은 중도일보가 앞으로 그 일을 하길 간절히 소망해 본다.

2011. 9. 1. 중도일보 창간60주년 특집

보령머드축제엔 희망이 있었다

3년 연속 대한민국 대표축제! 외국인이 가장 많이 참여하는 축제! 등 수많은 수식어가 붙어있는 보령머드축제· 그간 축제에 대한 특강도 많이 하고, 외국의 축제도 많이 경험한 터라 잔뜩 기대를 하며 지난 주말 가족과 함께 축제장을 찾았다. 결론적으로 말하면 한마디로 굿(good)이었다. 그동안 잡상인, 이벤트회사, 먹고 놀자판 등으로 연상되었던 우리나라 전통적인 축제의 이미지를 벗어나 선진축제로의 진입을 위한 새로운 희망을 보았다.

필자가 이런 평가를 내린 배경에는 다음 몇 가지의 요인이 있다. 첫째, 자연스러움이다. 대부분의 축제에는 급 조성된 듯한 행사장, 어디서 많이 본 듯한 이벤트들, 어지럽게 달려드는 잡상인들, 행사기간내내 동분서주하는 공무원들…. 그러나 이번 축제에는 누구 한사람의 강요도 없는 파도처럼 그렇게 시스템적으로 돌아가는 자연스러움 그 자체였다. 기획자의 섬세함, 운영자의 치밀함, 관리자의 노련함 등이 배어 있는 그런 축제였다.

둘째, 작은 지구촌이다. 얼마나 많은 나라에서 왔을까? 얼마나 많은 외국인들이 참여했을까? '물반 고기반'이란 표현이 있듯 '내국인 반 외국인 반'이란 표현이 딱 맞을 것이다. 필자의 경험으로 봤을 때 머드축제는 외국인들이 좋아할 수밖에 없는 구조가 갖추어져 있었다. 왜냐하면 외국인들은 TV오락프로그램에서 볼 수 있듯이 컬러풀한 무언가에 의해 젖고 섞이는 것을 좋아하는 특성이 있기 때문이다. 스페인 부뇰(Bunyol)의 토마토축제와 태국 송크란(Songkran) 물축제에 세계젊은이들이 열광하는 이유가 여기에 있다.

셋째, 다양한 프로그램이다. 행사기간 동안 대천 앞바다의 모래사장만큼이나 다양하고 풍성한 프로그램(체험행사, 기획전시, 연계행사, 야간콘서트행사 등)이 있다. 그중에 압권은 '머드에어바운스체험', 'DJ와 함께하는 물대포속의 어울림춤', 그리고 야간마다 펼쳐지는 '콘서트공연' 등 이었다. 풍성하지만 지루할 틈이 없는 프로그램의 진행이 돋보인 축제였다. 세상만사 모든 것이 다 완벽할 수는 없는 것처럼 몇 가지 부족한 점도 눈에 띄었다. 첫째, 언어에 대한 작은 배려가 부족했다. 행사진행과 관련된 외국어 멘트 서비스는 거의 전무 하다시피 했고, 그나마 몇 마디의 멘트도 수준 이하여서 아쉬움이 컸다.

둘째, 기다리다 지쳤다. 특히 머드에어바운스체험장이 심했다. 물론 한정된 공간에 많은 사람들이 참여하다보니 그럴 수밖에 없었겠지만 이제는 양보다는 질을 생각하고, 필요하다면 행사장 규모의 확대와 프로그램의 재구성을 통해 참가자들의 답답함을 해결해줘야 할 것이다.

셋째, 길거리 공연은 없었다. 세계 유수의 축제에 참여하다보면 큰 행사에 감탄하고 작은 행사에 감동하게 된다. 이 축제가 지속적으로 발전하기 위해서는 작지만 다양한 공연을 감상할 수 있는 길거리 공연이 활성화되어야 한다.

보령 머드축제는 보령시가 1996년 천연바다진흙을 이용한 머드사업을 추진하면서 개발된 머드화장품을 홍보하기 위해 1998년 7월에 시작한 지역개발형 축제다. 그동안 많은 시행착오와 배재대 정강환 교수 등 전문가들의 손길을 거쳐 명실공히 대한민국 최고 축제가 되었다.

이제 보령머드축제가 대한민국을 넘어 세계적인 수준으로 도약해야 한다. 그러기 위해서 국외적으로는 지구촌을 대상으로 다양한 홍보와 바다 없는 약소국가들에 대한 배려, 그리고 세계예술인들의 적극적 참여를 위한 유인책이 필요하고, 국내적으로는 지역관광자원과의 연계, 다양한 스포츠인프라 구축(요트, 골프, 승마 등) 등 실질적으로 지역경제에 도움이 될 수 있는 연계안의 마련이 필요하다.

조만간 세계 젊은이들이 보령머드 속에 푹 빠져들어 다이내믹 코리아(Dynamic Korea)를 얘기하는 날이 오길 소망해 본다.

2011. 7. 26. 중도일보 시사에세이

도시농업운동의 메카, 대전을 꿈꾸며

현대사회는 하루가 다르게 발전되고 있는 첨단기술 속에서 시민들은 새로운 가치와 이상을 추구하며 살아간다. 인류사회는 정착단계를 이루면서 문명을 발생시켰다. 인류농업은 화전농업에서 출발하여 다양한 형태의 작물과 축산으로 발전하였고, 자연환경을 극복하기 위한 시설재배를 도입하였다. 최근에는 산업화와 함께 진행된 인구증가와 도시화, 환경오염, 기상이변 등 갈수록 악화되는 자연환경으로 인해 식량부족이라는 위기를 맞게 되었다.

농업이라 하면 전통적으로 농토가 있는 시골에서만 이루어지는 것으로 인식이 되어왔으나 이제는 그 틀에서 벗어나 시간과 공간을 뛰어넘는 농업활동이 요구되고 있다. 이러한 패러다임은 도시농업에 참여하는 도시민들의 수가 급증하고, 도시농업의 유형 또한 다양하게 이루어지고 있다. 도시농업은 우선 도시민에게 신선한 농산물을 제공하는 산업형 농업이 있다. 식품안정성 문제가 빈번할수록 소비지에 인접한 도시지역이나 도시근교지역에서 신선하고 안전한 농산물에 대한 수요는 높아진다. 또한 텃밭농원, 가정텃밭, 베란다, 옥상텃밭 등과 같은 체험형 농업이 있는데 소득이 높아지거나 여가시간이 늘어날수록 이러한 수요는 급증한다. 그리고 학생이나 여성들을 중심으로 교육적 효과를 기대하는 학습형 농업이 있는데 채소나 화훼 등 원예작물을 중심으로 그 재배과정을 통해 농업에 대한 폭넓은 이해와 생산자와의 교류도 확대되고 있다.

도시농업 속에는 다양한 가치와 기능이 존재하고 있다. 녹지공간 확보와 도시환경개선 등 공익적 기능, 일자리창출, 에너지절감 등 경제적 기능, 식량안보와 가족 간 화합, 주변인과의 소통 등 사회적 기능, 교육장소 제공과 휴양공간제공, 여가활동 등 문화적 기능, 생태계복원과 기상재해예방 등 환경보전 기능 등 시민의 생활과 직·간접적으로 연관된 다양한 순기능이 작용하고 있다.

대전을 비롯한 서울, 부산, 경기도 등 많은 지방자치단체에서 도시농업 육성지원에 관한 조례를 제정하여 도시농업을 지원할 수 있는 근거를 마련하였고, 국회에서도 도시농업 육성 및 지원에 관한 법률제정을 위해 공청회를 개최하고, 농림수산식품부에서도 법률제정 이후 세부 시행규칙과 운용방안에 대한 관계기관 간담회를 개최하는 등 도시농업을 둘러싸고 활발하게 전개되고 있는 상황이다.

이에 발맞추어 우리 대전에서는 타 도시보다 먼저 대전만의 도시농업의 비전을 만들어 추진하였으면 한다. 금년도에 대전시에서 추진한 실버농원과 다둥이 농원이 참가자들로부터 커다란 호응을 받고 있으며, 옥상텃밭, 주말농장, 상자텃밭 분양, 텃밭과정 교육 등 다양한 도시농업 사업으로 시민들에게 다가가는 행정을 펼치고 있는 것은 매우 바람직한 현상이라 생각한다. 하지만 행정에서 추진하는 사업은 수혜 받는 대상에 한계가 있기 마련으로 좀 더 다수의 시민들이 느낄 수 있는 사업을 발굴하여 추진할 필요가 있다.

예를 들면 시청 앞이나 도심지내의 가능한 장소를 물색하여 농작물 재배에 관한 것들을 보고 체험할 수 있는 농업공원이 그것이다. 시 외곽지역으로 가면 장소야 얼마든지 있을 테지만 가능하면 도심지내에 벼나 재래농산물을 재배하여 시민들이 가까운 곳에서 보고, 즐기고, 체험할 수 있는 농업공원을 만든다면 시민들은 옛 정취를 느낄 수 있어 좋고, 학생들에게는 자연학습의 연장으로 정서적으로나 교육적으로도 많은 도움이 될 것이다. 따라서 도시농업은 높은 정책우선순위를 두고 추진되어야 할 사업으로 높은 행정의 가치를 갖는다.

농업은 인류가 멸망하지 않는 한 지속 가능한 생명산업이다. 처음 시작하는 도입단계에서부터 차근하게 준비한다면 대전이 도시농업운동의 메카로 부각될 수 있을 뿐 아니라 분명 시민들이 살맛나는 친환경생태도시로 거듭날 수 있을 것이라 확신한다.

2011. 10. 11. 중도일보 시사에세이

도시농업으로 얻어지는 행복

국토해양부의 통계에 따르면, 우리나라의 도시화율은 1960년대 39.1%에 불과했던 것이 1990년 79.6%, 2000년 88.3%, 2010년에는 90.9%로 급속하게 증가하였다. 이러한 증가 추이는 농촌에 비해 보다 많은 사회적 인프라가 집중돼 있어 살기에 편할 것 같은 도시의 단편적 특성 때문이지만, 이로 인한 심각한 교통문제, 쓰레기 문제, 먹을거리의 불안정성, 환경호르몬 발생, 열섬화 및 사회적 소외계층 증가 등 도시생활을 둘러싼 온갖 문제가 발생하고 있음은 부인할 수 없는 현실이다.

이에 많은 학자들이 도시를 보다 살기 좋은 공간으로 거듭나게 만들 수 있도록 하는 지속가능한 도시모델의 대안을 연구하고 있는데 그 중에서 특히 주목되는 방안이 도시농업이다. 영국, 독일, 미국, 일본 등 우리보다 산업화가 먼저 이루어진 나라에서는 이미 오래전부터 도시농업이 널리 행해지고 있다고 한다. 우리는 지난 5월 23일부터 "도시농업의 육성 및 지원에 관한 법률" 이 전격 시행되었는데 이는 참으로 적절하고 다행스러운 일이라 하겠다. 이 법률은 도시농업에 대한 체계적인 지원을 통하여 자연친화적인 저탄소 도시환경을 조성하고 도시민의 정서순화 및 도시지역 공동체의 회복을 도모하여 도시민의 농업과 농촌에 대한 이해를 증진함으로써 도시와 농촌의 조화로운 발전을 실현하고자 제정되었다. 이는 도시중심사회의 대안으로 대두되고 있는 도시농업의 활성화를 위해 반드시 필요한 조치이며, 도시농업이 가지고 있는 몇 가지 특성을 기반으로 도시농업이 활성화될 수 있도록 많은 관심과 참여를 요청하고자 한다.

첫째, 도시농업은 자가 소비적이며 친환경 먹거리를 생산한다. 즉 생산물 판매가 목적인 영농활동이 아니라 오로지 본인의 여가와 만족, 자가소비를 위해 재배하고 생산한다. 참여자들은 대부분 주말텃밭이나 상자텃밭에서 직접 재배한 채소 등을 가족이나 이웃들과 나눠 먹는 것으로 인식하며, 무농약이나 친환경농법을 통하여 보다 안전하고 깨끗한 농산물을 생산하여 자신들의 식탁위에 올려놓는다.

둘째, 장식적 특성이 있다. 도시농업은 도심공간이나 옥상, 자투리 땅 등 콘크리트 일색의 회색빛 도시를 녹색도시로 바꾸어 녹지공간을 증진시킬 뿐 아니라 쾌적한 자연환경을 제공한다. 이로 인해 도시민들에게 정서적 안정은 물론 아름다움까지 제공하는 등 커다란 유익을 선사하고 있다.

셋째, 기능적 특성이 있다. 도시농업은 시민들이 일상생활에서 받고 있는 스트레스를 해소하고 치유하는 역할을 하고 있으며, 취미활동을 통한 무료함 해소로 생활에 활력을 불어 넣는다. 또한 원예활동을 통한 어르신들의 일자리창출과 치매예방기능, 치료보조기능 등이 있을 뿐만 아니라 강우 시 물 저장과 고온 시 열섬현상 완화, 동·식물들의 다양한 서식 공간 제공 등으로 생태계를 보전하는 공익적 기능을 가지고 있다.

넷째, 향수성과 자연학습장으로서의 특성이다. 농업은 본래 마음의 고향이라 한다. 어린 시절 시골에서의 정취와 고향, 부모님 생각 등 귀향의 본능과 귀농을 동시에 동경하는 향수성의 특성을 가지고 있다고 할 수 있다. 또한 조성된 작물재배 공간은 아이들에게는 가까운 곳에서도 자연을 체험할 수 있는 자연학습장으로서 역할과 도시민들에게는 보고 느낄 수 있는 녹지공간으로 활용할 수 있는 특성을 가지고 있다.

마지막으로 주변인들과 소통의 장소로 이용되는 특성이 있다. 삭막한 도시생활에서 이웃 및 주변인들과 인간적인 대화와 소통이 단절되는 상태에서 농업이라는 공통의 관심사를 통해 대화의 물꼬를 트고 보다 인간적으로 주변인들과의 관계를 증진시킬 수 있다.

따라서 지금 유행처럼 일어나고 있는 도시농업의 지속가능한 발전을 위해서는 보다 쉽고 체계적이며 합리적으로 시민들이 참여할 수 있는 주변여건을 조성하는 것이 급선무라 생각된다. 도시농업사업은 단순하게 어느 한 개인이나 집단만의 문제가 아니라 이를 둘러싸고 있는 모든 도시환경과 시민들의 문제이고, 도시민 다수의 관심과 참여가 성패를 가를 것이라 생각된다. 우리 대전에서도 도시농업에 참여하고자 하는 시민은 물론 학교, 기관, 단체 등을 망라하여 도심곳곳에서 도시농업이 실천된다면 주변인들과 소통으로 참여하는 시민들의 마음을 풍요롭고 행복하게 만들어 줄뿐만 아니라 생태계복원을 통한 녹색도시를 실현하여 전국 제1의 고품격 도시로 거듭날 것이라고 믿어 의심치 않는다.

2012. 8. 7. 중도일보 시사에세이

최호택 배재대 행정학과 교수
헌법에 자치조직원이라든지 이런 것이 강화된다면 장관 뿐만 아니라
다른 어떤 시도도 충분히 할 수 있다고 보여집니다

정부3.0 추진계획

미래를 향한 충청인의 도약
대전충남 행정통합 민관협의체 출범식
대전시청

생생
토론
2025 신년기획
대전·세종·충남 정치 위기는?

생생
토론
2025 신년기획
대전·세종·충남 정치 위기는?

대전·세종·충남 정치 위기는?

생생
토론
2025 신년기획
대전·세종·충남 정치 위기는?

chapter 4

지방의회

지방의회, 갑질근절교육이 필요한 시점이다.

올해 초 국민권익위원회(권익위)가 전국 243개 지방의회 중 92개 광역・기초의회를 대상으로 한 청렴도 조사결과를 발표한 적이 있다. 청렴도는 68.5점으로 정부 행정기관의 평균 청렴도(80.5%)와 비교할 때 매우 낮은 수준이었다. 지자체 공직자들의 지난해 지방의회 부패경험률 또한 15.51%로 전국 중앙행정기관 부패경험률(외부 민원인 0.42%, 내부 공직자 1.99%) 대비 최대 37배에 달했으니 심각한 수준이 아닐 수 없다. 부패 경험 순으로는 부당업무처리 요구(갑질)가 16.33%로 가장 많았고, 계약업체 선정 시 부당 관여(9.96%), 특혜를 위한 압력(8.36%),사적 이익 위한 정보요청(5.05%), 그리고 인사 관련 금품 요청(1.11%) 순으로 나타났다.

지방의회가 부활한지 올해가 34년째이다. 2022년 1월 지방자치법 전부개정안이 시행되어 전문인력도입, 인사권독립 등으로 지위와 권한이 강해졌다. 그동안 지방의회는 축적된 경험과 노하우를 바탕으로 집행기관을 견제・감시하고 주민을 섬기며 대리인으로서의 역할을 충실히 수행함으로써 우리나라 지방자치 발전을 이끌어 왔음에 의심의 여지는 없다. 다만 앞에서 언급한 권익위 조사처럼 주민(직무관련공직자・단체 및 전문가포함)들은 아직도 집행기관보다 청렴도의 수준,

특히 갑질의 수준이 훨씬 높다고 인식하고 있어 이에 대한 대책이 필요한 시점이다.

권익위는 1월 발표한 청렴도조사결과를 바탕으로 지난 3월 25일 '지방의회의원이 특정 개인이나 법인 등에 협찬, 기부를 요구하거나 채용 등 인사업무에 개입하는 것을 금지하고, 직무권한을 남용하여 공직자나 직무관련자에게 부당한 지시를 하거나 의무를 부담하게 하는 등 이른바 갑질금지 내용' 을 포함한 '지방의회의원 행동강령' 을 개정하여 시행하고 있다. 그러나 주지하는 바와 같이 '행동강령' 이란 강제성이 부족하고 내용자체가 애매하여 이를 무시하는 경우가 다반사다. 최근 몇몇 의회에서 발생하고 있는 부패, 갑질, 성비위 등 일탈행위가 그 반증일 것이다.

최근 행정안전부도 지방의회의 책임의식을 높이고 청렴도를 강화시키기 위해 [찾아가는 워크숍]을 진행하고 있다. 내용은 공직자 행동강령, 이해충돌방지법, 부정청탁금지법 및 갑질 금지 등 지방의원이 알아야 할 법과 제도에 대한 특강으로 구성되어 있다. 다만 올해는 지방의회로부터 신청을 받아 25곳 정도를 진행하고 있다 보니 그 효과는 미미할 수밖에 없을 것이다. 행정사무감사와 내년도 예산안 심의를 앞두고 있는 지금, 전국적으로 관련교육이 이루어 졌으면 하는 바램이다.

지방의회의 부패·갑질문제는 단순히 일부 의원의 개인적 일탈로 끝나는 문제가 아니다. 이는 지방자치제의 근본적인 신뢰와 공공성에 심각한 영향을 미치며, 지역 사회 전체에 부정적인 파급 효과를 미친다고 볼 수 있다. 따라서 지방의회 의원들에게 청렴·갑질방지 교육을 실시하는 것은 매우 중요한 과제이다. 그 교육은 윤리 의식과 법적 책임을 강화하는 방향으로 진행되어야 한다고 본다. 또한, 실제 사례를 중심으로 교육하여 갑질의 구체적인 형태와 결과를 인식하게 하고, 공무원 및 주민과의 상호 존중과 소통 기술을 함양하는 것이 중요하다. 정기적인 교육과 피드백 체계도 구축해 지속적인 개선을 유도해야 할 것이다.

이를 통해 의원들은 자신의 권한을 올바르게 이해하고 남용하지 않도록 경계할 수 있으며, 지역 주민들과 공무원들과의 관계에서도 존중과 협력의 자세를 유지할 수 있다. 궁극적으로 이러한 교육은 지방의회의 신뢰성을 높이고, 지방자치의 발전에 크게 기여할 것으로 생각한다. 세상사 '배운 만큼 알고, 아는 만큼 보이는 것' 이다. 그래서 교육이 답인 것이다.

2024. 9. 9. 중부매일, 세상의 눈

지방시대, KATIA의 탄생과 기대

총선이 끝나고 지방의 시간이 왔다. 지방의회를 중심으로 다시 지방시대를 열어갈 때다. 물론 총선기간이라 하여 지방의 시간이 멈춰지진 않았겠지만 실질적으론 멈춰 버린 거나 다름없었다. 공직자들은 오해(?) 받을까봐 숨고르기하고, 지방의원들은 총선후보자와 밀착동행하며 선거운동을 했던 것이 주지의 사실이다.

지방의원의 역할은 지역사회의 발전을 도모하고 주민들의 의견을 대변하여 지방정부의 정책을 결정하는 중요한 위치에 있다. 하지만 현실적으로 많은 지방의원들이 공직가치를 사적가치로 착각하거나, 필요한 전문 지식이나 경험의 부족으로 합리적인 의사결정을 내리지 못하는 경우가 많다. 이러한 문제를 해결하기 위해 지방의원 전문 연수를 제공할 수 있는 전문(사립)연수원의 설립이 필요한 실정이고, 필자가 충남 공주 신풍에 한국의정연수원(KATIA)을 설립한 배경이기도 하다.

이번에 설립된 민간주도형 원스톱(one-stop) 의정연수원을 통해 다음 몇가지 가치가 실현될 것을 기대하고 있다. 첫째, 맞춤형 교육 프로그램을 수시로 제공할 수 있다. 지방의회의 요구와 특성은 지역마다 다르기 때문에, 표준화된 프로그램만으로는 모든 지방의원의 요구를 충족시키기 어렵다. 사립 의정전문연수원은 개별 지방의회의 특성을 반영한 맞춤형 교육을 설계하여 제공할 수 있는 유연성을 가질 수 있고 이는 지방의원들이 실제로 필요로 하는 지식과 기술을 보다 효과적으로 습득할 수 있게 도울 수 있기 때문이다.

둘째, 지방의회의 독립성을 강화하는 데 기여할 수 있다. 정부가 직접 운영하는 연수 기관의 경우 정치적 중립성이나 독립성이 훼손될 우려가 있다. 반면, 사립의정전문연수원은 정부의 직접적인 영향력에서 상대적으로 자유롭기 때문에, 보다 중립적이고 독립적인 입장에서 교육과 훈련을 제공할 수 있다고 본다.

셋째, 지속 가능한 운영과 혁신을 도모할 수 있다. 사립의정전문연수원은 운영 자금을 다양한 출처에서 조달할 수 있으며, 이는 연수원의 재정적 독립성을 보장하고, 장기적으로 안정적인 운영을 지원할 수 있기 때문이다. 또한, 사립 연수원은 교육 프로그램의 지속적인 혁신을 추구할 수 있어, 지방의원 교육의 질을 꾸준히 개선할 수 있다.

넷째, 국제적인 협력과 교류의 장을 마련할 수 있다. 사립의정전문연수원은 국내뿐만 아니라 해외의 다양한 교육 기관과 협력하여 국제적인 교육 프로그램을 제공할 수 있다. 이는 지방의원들에게 글로벌 스탠다드를 이해하고, 다양한 국제적 사례를 접할 수 있는 기회를 제공함으로써 그들의 시야를 넓히고, 국제적 문제에 대해 보다 효과적으로 대응할 수 있도록 할 것이다.

마지막으로, 사립의정전문연수원의 설립은 지역 경제에도 긍정적인 영향을 미칠 수 있다. 연수원 운영을 통해 지역에 새로운 일자리가 창출되고, 지역 내 서비스 및 상품의 수요가 증가하며, 이는 지역 경제의 활성화에 기여하기 때문이다. 또한, 연수원이 지역의 학술 및 교육 자원과 연계하여 운영될 경우, 지역의 교육 수준 향상과 지식 기반 사회로의 전환을 촉진하는 효과도 기대할 수 있다.

지방의원의 전문성과 혁신성은 지방 자치의 성공에 직접적인 영향을 미치는 요소이다. 따라서 사립의정전문연수원의 설립과 운영은 지방의원들에게 필요한 지식과 기술을 효과적으로 제공함으로써, 그들이 지역사회의 발전을 위해 보다 효과적으로 기여할 수 있도록 만드는 중요한 단계가 될 것이다. 이러한 연수원이 제공하는 전문 교육과 훈련은 지방의원들이 직면한 도전을 극복하고, 지역사회를 위한 효과적인 결정을 내리는 데 큰 도움이 될 것으로 판단된다.

육만 평 대지에 그림처럼 펼쳐진 그리스 산토리니 섬. 그 위에 자리 잡은 한국의정연수원은 대한민국의 미래를 노래하고 지방의회에 꿈과 희망을 선사하는 오리진(origin)이 될 것이다.

2024. 4. 29. 중부매일, 세상의 눈

의정활동의 꽃·종합예술, 행정사무감사

지방의회 '의정활동의 꽃, 종합예술'이라 할 수 있는 행정사무감사의 시즌이 도래하고 있다. 집행기관의 입장에선 '잔인한 감사(監査)의 계절'이라 할 수 있겠지만 말이다. 행정사무감사가 의정활동의 꽃인 이유는 매년 10월 국회에서 행하는 국정감사를 생각하면 쉽게 설명이 되어 질 것이다. 국정감사를 통해 공직사회의 부정부패가 밝혀지기도 하고, 그동안 관심을 받지 못했던 사항들이 중심이슈가 되기도 하고, 소위 스타의원들이 탄생하기도 한다. 물론 국회의 국정감사는 풍부한 관련 조직이나 보좌 인력을 갖추고 있고 방송언론들의 주목을 받고 있기에 소위 말하는 흥행이 가능할 지도 모른다. 그러나 지방의회는 최근 인사권독립과 정책지원관들의 선발로 조금은 나아 졌지만 그 열악한 환경은 아직도 행정사무감사를 흥행으로 이끌기에는 부족하다. 그럼에도 불구하고 지방의회 행정사무감사가 의정활동의 꽃인 이유는 본연의 임무중 하나인 집행기관에 대한 견제와 감시가 가장 활발하게 이루어지는 시기이고 의원들의 준비여하에 따라서 큰 성과를 낼 수 있고, 일명 스타(똑똑한 정치인)정치인으로 성장할 수 있는 계기가 되기 때문이다.

지방의회의 행정사무감사는 당해 지방자치단체의 소관 사무 전반에 대하여 그 실태를 파악하고 개선이 필요한 사항에 대하여 개선요구를 함으로써 지방행정의 합법성 및 합목적성을 제고하고, 지방자치단체의 주민복리 등에 관한 정책이 합리적으로 시행되도록 감시하기 위한 것이다. 실시시기는 제1차 정례회(6월) 또는 제2차 정례회(11월-12월)에 실시할 수 있는데, 각 의회의 사정에 따라 이중 한시기를 선택해 연 1회 실시하고 있다. 기간은 광역의회의 경우 14일, 기초의회의 경우 9일 이내로 그 기간이 정해져 있다. 대전광역시의회 경우 통상 제2차 정례회 기간(11월 10일 전후)에 실시한다.

그동안 지방의회 행정사무감사는 30년 넘게 축적된 노하우로 점점 나아지고는 있지만 60-70%에 달하는 초선의원 비율, 아직도 집행기관의 눈치를 봐야하는 사무직원들, 의정역량부족으로 호통과 한탕주의, 폭로전으로 일관하는 일부 의원들의 행태 등으로 그리 긍정적이지 만은 않은 것이 현실이다.

성공적인 지방의회 행정사무감사가 되기 위해서는 다음 몇 가지 조건이 선행되어야 한다.

첫째, 시민들의 참여가 절실하다. 대전시의회에서는 현재 시민들을 대상으로 "2023년도 행정사무감사에 대한 제보" 를 기다리고 있다. 대전시의 위법 · 부당한 행정행위라든지 보조금 부당수령 및 예산낭비 사례, 그리고 시책개선 및 건의, 시민안전 저해사항, 기타 시민불편

사항 등이 대상이니 시민 여러분께서는 주저 없이 제보해주면 좋겠다.

둘째, 의원들의 철저한 사전준비가 필요하다. 아는 만큼 보이는 법이다. 연습한 만큼 여유롭고 부드러워 성과를 내기 마련이기 때문이다. 의회 상임위원회 전문위원실의 협조를 받아서 최근 3년간 행정사무감사 자료요구 목록과 행정사무감사 책자를 요구하고 사전에 검토해 보는 것도 좋은 준비 방법이다. 현장 확인과 증인 채택을 적극적으로 활용하는 것도 좋다. 현장 확인은 사진과 동영상, 주민 인터뷰 등을 미리 준비하고, 증인 채택은 중요 감사대상 기관이나 업무에 대해서 사전에 검토하는 것이 효과적이다.

셋째, 맞춤형 교육이 필요하다. 그냥 두리뭉실한 내용의 교육보다는 현장전문가들의 '핀셋행정사무감사교육'이 중요하다. 의원출신 유명강사나, 의회전문연수기관(행정안전부 지방자치인재개발원 지방의정연수센터, 민간기관 한국의정연수원(공주 신풍소재), 한국산업기술원 등)의 도움을 받는 것이 효과적일 것이다.

지방의회 '의정활동의 꽃' 행정사무감사, 의원들에게는 기회이고 찬스다. 힐난한 지적보다는 세밀한 분석과 멋진 대안을 준비할 때이다.

2023.9+10, vol. 118. 대전시의회, 대전의정소식

지방의회의 평가와 나아갈 방향

1952년 최초로 구성된 우리나라의 지방의회는 1961년 5.16군사쿠데타로 중단된 이래 30년 동안 긴 동면 속에 있다가 1991년 4월과 7월에 기초 및 광역의회가 재구성되었고, 올해가 그 19년이 되는 해이다.

30년 만에 부활된 지방의회는 그동안 오랜 중앙집권적 정치체제하에 매몰되었던 지역의 정체성을 생성시켰음은 물론 주민의 자치의식과 참여를 신장시켰다. 또한 지방의회는 일천한 역사성과 정당정치의 구조적 제약 속에서도 주민의 의사와 이익을 대표하고, 집행기관의 행정을 견제·감시하였을 뿐 아니라 강력한 단체장의 전횡이 방지되어짐으로써 지역민주주의의 성장을 더욱 가속화 시켰다는 평가를 받고 있다.

그러나 한편으로는 지방의회의 제도적 한계, 지방의회의원의 행태적 무능과 이권개입 등을 통한 부정부패, 지방의회에 대한 지역주민의 무관심 등으로 인해 지방의회의 존재가치를 부정하는 지방의회 무용론까지 제기되고 있어 평가의 양극화가 심각한 상태이다.

특히, 최근에는 민선 5기 지방의회가 후반기 의장단 선출과 관련하여 많은 문제를 야기하고 있다. 서울시의회 의장은 동료 의원들을 돈으로 매수해 당선됐으나 구속된 신세이고, 부산시의회도 의장단 선거과정에서 불거진 돈선거 파문으로 결국 한 의원이 불구속 입건됐다. 대전시의회도 의장단 부정선거를 이유로 K모 운영위원장이 불구속 기소되어 아직도 갈등을 겪고 있다. 또한 대전 대덕구 L모 의장은 자신이 운영하는 식당에서 업무 추진비를 과다하게 사용하는 등 자기사업의 이권에 활용하는 행태를 보여 소속 정당으로부터 탈당권고의 중징계를 받았다.

최근 이명박 정부에 들어서 신 중앙집권화에 대한 움직임이 가속화되고 있는 상황이다. 이럴 때일수록 지방의 의사를 대표하는 지방의회의 역할이 무엇보다 중요한 시점이다. 그러나 지금의 역량으로는 현실적으로 문제를 해쳐나가는데 한계가 있어 보인다.

따라서 지방의회는 지역주권을 지키기 위해서 자체역량강화에 최선을 다해야 하는데, 그를 위한 몇 가지 방안을 제시하면 다음과 같다. 첫째, 제도적인 문제로 지방의원에 대한 정당공천제를 폐지하고 지방의원의 겸직·겸업 금지를 강화해야 한다. 또한 지방의회 사무처 직원에 대한 인사권과 직무감독권을 의회의장에게 주어 의회의 독립성을 높여야 한다.

둘째, 운영적인 측면에서, 대부분의 지방의회에서 채택하고 있는 의장선출방식인 교황선출방식을 입후보직접선거로 바꿔 열정이 있는 사람이 의회를 이끌 수 있도록 해야 한다. 또한 의원표결 실명제라든지, 의사 진행 공개시스템 도입, 그리고 자체의원평가제 등을 도입하여 지방의원들의 의정활동을 더 투명하게 만들어야 할 것이다.

셋째, 전문성확보 측면에서, 먼저 전문위원실 역할 강화와 정책관련부서의 신설이 필요하다. 또한 지방의원 교육프로그램 강화와 해외연수내실화 등을 통해 견문을 넓히고, 필요한 경우 지역의 전문가와 멘토

(mentor)를 맺어 전문성을 향상시켜야 할 것이다.

마지막으로, 주민참여 측면에서, 먼저 일본의 경우처럼, 휴일 및 야간 회의개최, 그리고 의정활동 방송중계 등을 통한 의정참여확대방안을 모색해야 한다. 또한 주요의사결정과정에 자문위원회 및 심의위원회 등을 대폭 확대하고 유급 시민모니터링제도의 도입도 필요하다.

42.195Km를 달려야 하는 마라톤을 생각한다면, 이제 막 출발한 지방의회는 부족할 수밖에 없다. 그러나 중요한 것은 원칙과 전문성함양으로 일신일신 우일신(日新日新又日新)하여 발전하는 모습을 보여야 한다는 것이다. 지방의회는 지방자치의 꽃이고, 그대들 곁에는 늘 시민들이 함께하고 있다는 것을 명심해야 한다.

지방의회 해외연수 해법은

최근 감사원이 대전 유성구의회에 대해 부당한 해외연수에 대한 책임을 물어 전격적인 감사를 실시하기로 해 귀추가 주목되고 있다.

이는 대전지역 13개 시민사회단체로 구성된 '대전시민사회단체연대회의'가 청구한 감사요청이 받아들여진 결과다. 어떤 식으로 조사되고 결론이 날지는 아직 예측하기 이르다. 그러나 이번 감사는 그동안 지방의회에서 해외연수 때마다 나타났던 문제들에 대하여 경종을 울릴 수 있다는 점에서 큰 의미가 있다고 판단된다.

사실, 지방의회의 해외연수논란은 어제 오늘의 문제가 아닌 끊임없는 논란의 대상이었다. 그렇다면 왜, 이런 문제가 계속 발생하는가에 대해 본질적인 접근이 필요하다. 본질을 이해할 수 있을 때만이 문제해결을 위한 접근이 가능하기 때문이다.

첫째, 계획 수립단계의 문제다. 공무국외여행 심의위원회의 구성이 친의회인사와 내부위원의 비율이 높아 심의의 객관성을 담보하지 못한다는 것이다.

둘째, 사전 준비단계의 문제다. 국외여행은 모든 활동이 외국에서 이루어지기 때문에 출국 전에 해외연수와 관련된 전문가나 기관 등을 통해 공무수행과 관련한 모든 일정이 철저히 준비되어야 한다. 그러나 대부분 급하게 추진되고, 여행사 패키지를 이용함으로써 부실 연수가 될 수밖에 없는 것이다. 이런 원인에는 의회의 안이한 태도도 문제지만 현실적이지 못한 연수경비도 한몫하고 있다.

셋째, 실행단계에서의 문제다. 외국에서의 연수활동이 확인될 수 있는 장치가 없다보니 현지활동이 계획과 다른 경우가 생기게 되고, 관광・친지 방문 등 공무와 상관없는 여행을 하는 문제가 발생하게 된다.

마지막으로 결과 및 활용단계에서의 문제이다. 보고서작성이 대필되는 등 형식화 되어 있고, 그것의 활용을 위한 강제조항이 없다는 것이다. 필자는 그동안의 경험과 연구를 바탕으로 이러한 문제점을 극복하고 진정 주민들이 원하는 합리적인 공무국외여행이 될 수 있는 다음 몇 가지를 제언하고자 한다. 첫째, 계획 수립단계에서는 객관성을 담보할 수 있는 시스템을 스스로 만들기를 바란다. 예를 들어 심의위원을 전원 외부인사로 하되 단체로부터 추천을 받아 위촉하는 것이 필요하고, 심의위원의 임기를 보장하여 소신의결을 할 수 있도록 해야 한다.

둘째, 사전 준비단계에서는 최소 수개월 전에 계획하고 심의가 이루어 질 수 있도록 해야 한다. 왜냐하면 대부분의 문제가 급하게 추진되는 과정에서 발생하는 경우가 많기 때문이다. 또한 이런 계획성 있고 실질적인 연수가 이루어 질 수 있도록 여비산정의 현실화가 필요하다. 현재, 의원 1인당 여비배정방식과 상임위원회 중심의 연수단운영방식의 획일성에서 벗어나 융・복합시대에 맞게 다양한 형태(연구단체)로 운영되는 것이 필요하다.

셋째, 실행단계에서는 외국에서의 연수활동의 견제를 위해서 전문가, 시민, 시민단체, 언론기관 등과 연합하여 참여할 수 있도록 하고, 방문국의 한인회와도 연계하여 실질적인 연수가 될 수 있도록 할 필요가 있다.

마지막으로 보고 및 활용단계에서는 누군가에 의해 대필되어지는 현실을 방지하고 실질적으로 적용할 수 있도록 공무원, 심의위원, 전문가, 주민과 시민단체 등 구성원들이 참여하는 결과보고회 및 평가·활용 토론회를 가질 필요가 있다.

그럼에도 불구하고 지금까지 제시한 문제점과 대안들이 모든 지역에 보편적으로 적용되는 것은 아니다. 대전서구의회, 충남도의회 등과 같이 모범적으로 운영되는 곳도 많다. 다만 이번 대전 유성구의회의 감사사태를 계기로 기존시스템을 점검하고 새로운 시대환경과 지역특색에 맞는 지방의회 공무국외여행 시스템을 구축하는 소중한 기회가 되길 소망해 본다.

백문이 불여일견이란 말이 있다. 구더기 무서워 장 못 담가선 안 된다. 우리의 지방의회가 제대로 된 시스템과 프로그램으로 해외연수를 당당히 떠나는 그날을 기대해 본다.

2012. 1. 17. 중도일보 시사에세이

지방의회 선진화 프로젝트

한국공공행정연구원의 지방의회 선진화 프로젝트 중 하나인 "대전 서구, 유성구 정치 · 문화연구 유럽연수"가 지난 4월 25일부터 5월 2일까지 6박 8일의 일정으로 덴마크와 핀란드에서 진행되었다. 출발하기 전 한 인터넷언론의 지나친 관심과 열정 덕분(?)에 참여 희망자가 반으로 줄어 맥 빠진 출발이었지만 기대 이상의 만족할 만한 성과를 거두게 되어 지도교수로 동행했던 필자로서는 그저 감사할 따름이다.

주말에 일정이 잡힌 덴마크 코펜하겐에서의 연수는 도시공공디자인과 문화콘텐츠를 배울 수 있었던 소중한 시간이었다. 특히 시내자전거도로와 안데르센거리의 인어공주상은 대전시의 현 상황에 많은 시사점을 보여준 사례였다고 생각된다.

덴마크 일정 후 핀란드에서의 첫 번째 일정은 헬싱키 파실라에 위치한 국제적인 출판사로 1,000여명의 직원이 50여종의 전문잡지를 발간하는 YHTYNEET라는 여성 전문 잡지사였다. 가장 먼저 우리는 핀란드 방문목적을 설명하고 핀란드 지도에 나타난 동해와 독도의 표기를 일본식에서 한국식으로 수정해줄 것을 정중히 요구하였다. 이에 대하여 출판사의 Hannu Teider 부국장은 우리의 입장을 충분히 이해할 수 있다고 답변하면서 앞으로 표기에 신중을 기하겠다는 약속을 하였다.

유럽의 전반적인 문화가 실용적이고 본질에 충실하다는 것은 도로의 한가운데 가로등이 설치된 코펜하겐의 도로와 헬싱키 시내의 도시미관 속에서 느낄 수 있었지만, 반타의 장애인협회에서 우리일행은 여러 가지를 느끼고 생각하게 되었다. 협회의 사무총장에서부터 자원봉사자까지 모든 스텝이 장애우들로 구성된 조직이었다. 그들은 활기차 보였으며 자신들의 업무에 대한 강한 자부심을 내비쳤다.

장애인협회 다음으로 들린 곳은 깐삐의 노인복지회관으로, 소득 수준이 높은 유럽의 노인 복지수준에 대하여 알 수 있는 좋은 기회가 되었다. 노인복지관은 교통이 매우 편리한 곳에 위치해 있었으며, 대부분의 노인들은 복지관 주변숙소에 살고 있었다. 복지관에서는 80여개의 프로그램이 운영되고 있어 노인들에게 즐거운 여가생활을 할 수 있도록 돕고 있었다. 하루의 공식 일정을 마감하는 시간대 인지라 우리일행은 복지관을 떠나기 전 노래교실에 참가하여 우리의 민요 '아리랑'을 불러 드렸다.

돌이켜보니 이번 연수에 참여한 의원들은 여러 가지 측면에서 국위선양을 하였다. 동해나 독도표기 문제와 아리랑 합창도 좋았지만, 책 읽는 것을 좋아하기로 유명한 핀란드 국민들이 가장 애용하는 헬싱키대학 국립도서관에 대한민국을 알리는 여러 종류의 영문서적들을 기증한 것은 정말 의미 있는 일이었다.

막상 연수를 마치고 돌아와 보니 우리와 약속한 일정에 맞추어 연수단에게 정성을 다해 반갑게 맞아준 핀란드 관계자 여러분의 얼굴들이 떠오른다. 무려 2시간여 동안 헬싱키 시정설명과 우리의원 여러분의 질문에 성의 있게 답변해 주었던 헬싱키 시의회의장 Otto Lehtipuu씨, 그리고 핀란드의 정치시스템부터 선거문화에 대하여 열변을 토하며 우리나라 정치제도에도 관심을 보였던 중노당 헬싱키 사무총창 시노까 씨사! 이름은 잘 기억하시는 못하시만 자신이 속한 정당의 역사를 설명하겠다고 자청하여 통역을 난감하게 했던, 어느 젊은 청년 열성당원을 보고서 우리는 그들이 정치활동을 하는 정당인으로서 얼마나 큰 프라이드를 느끼는지 알 수 있었다.

지금도 자신이 속한 소속정당을 자랑스러워하던 그들의 행복한 표정들이 기억에 남는다. 이 후 우리 일행은 부오사리항만시설의 견학과 핀란드 전통문화 체험도 새로웠지만, 가장 인상적인 일정은 복지부장관과의 접견이었다.

사실 접견당일 유럽연합 복지부장관 SI(돼지 인플루엔자)대책 회의가 소집된 터라 약속을 지키기가 쉽지 않았는데도, 접견시간을 앞당겨 우리일행을 맞아준 Liisa Hyss핀란드 복지부장관에게 이 지면을 통하여 감사드린다. 복지부장관을 기다리는 동안 차관이 소개한 핀란드의 복지정책은 우리정책에도 참고할 만한 요소가 많았다.

이번 연수를 통하여 느끼고 새롭게 배운 내용들은 연수에 참여한 의원 여러분의 정치활동으로 지역사회에 꽃을 피울 수 있으리라 믿는다. 끝으로 어려운 상황 속 에서도 이번 연수를 적극적으로 도왔던 황대진 위원장(중로당지구당, 핀란드한인회장)의 노고에 깊은 감사를 드린다.

2009. 5. 15. 중도일보 금요논단

지방의회여! 기죽지 말고 당당해라

요즘 지방의회가 너무 기가 죽어 있다. 주민의 대표기관임에도 불구하고 주민들로부터 존경받지 못하고 무시당하고 있는 것이 현실인 것 같다. 급여를 받는 것도, 해외연수를 가는 것도, 의장단 구성과정도 주민들 눈에는 못마땅한 모양이다.

물론 처음부터 그랬던 것은 아니다. 처음엔 나름 자부심을 가지고 열심히 일한 탓에 긍정적인 평가도 많았지만 시간이 지날수록 공복정신보다는 사리사욕에 눈을 돌리는 경우가 많았기 때문이 아닌가 한다. 주민들로서는 참으로 안타까울 따름이다. 일상에 바쁜 주민의 대리인으로서 역할을 기대 했는데, 고양이 앞에 생선을 맡긴 꼴이 됐다고 푸념하는 것 같다.

물론 모든 의원들이 다 그렇다는 얘기는 아니다. 필자 생각에는 적어도 80%이상의 의원들은 성실히 자기역할을 하거나 헌신적으로 의정활동을 하고 있다고 생각한다. 문제는 20%이하의 성실하지 못한 의원들 때문에 모든 지방의원들이 존경받지 못하고 주눅이 들어 있다는 것이다.

그러나 이제는 80%이상의 바른 의원들이 주민 앞에 당당해져야 할 때이다. 그래야만 의회가 발전하고 지방자치가 빛날 수 있기 때문이다. 그렇기 때문에 더욱 지방의회가 기죽지 말고 위풍당당하게 나가길 바라며 몇 가지 제안을 하고자 한다.

첫째, 자치단체와의 관계에서 비굴하지 말라. 주민의 대표가 비굴하게 구는 것은 주민을 모독하는 행위이다. 눈앞의 작은 것을 얻기 위해 하는 일탈행동들은 결국 자신이나 자신을 지지해준 분들의 중요한 것을 잃게 하기 때문이다. 소탐대실 하지 말아야 한다는 얘기다.

둘째, 정당한 급여를 당당히 요구해라. 유급제를 시행하고 있는 현재의 시스템에서는 당연한 권리이기 때문이다. 다만, 업무의 성격, 양, 환경 등을 논리적으로 분석하여 합리적인 방안을 제시하고, 필요하다면 주민들에게 당당히 요구해야 한다.

셋째, 해외공무여행 당당히 나가라. 높이 나는 새가 멀리 볼 수 있다고 했다. 견문을 넓혀야 미래가 보인다. 제대로 된 프로그램을 설계하여 당당하게 나가서 제대로 보고, 제대로 활용해야 한다. 우선 당장 활용되지 않더라도 걱정하지 마라. 왜냐하면 당신의 소중한 경험이 이지역의 사회적 자산이기 때문이다.

마지막으로 정당이나 지역 국회의원 앞에 당당해라. 지방의원들은 주민들의 대표기관이지 절대 정당이나 지역 국회의원들의 하수인이 아니기 때문이다. 물론 한국정치현실에선 쉽지 않은 일이겠지만, 당당하게 지역주민의 대변자로서의 위치를 확보해야 하지 않겠는가?

물론 이상의 당당함을 위해선 몇 가지 조건이 선행되어야 한다.

첫째, 지방의회와 의원의 역할에 대한 올바른 이해가 필요하다. 지방의원은 경조사나 쫓아다니는 사람이 아니다. 주민을 대표하여 입법활동,

정책개발, 예산심의, 집행부감시 등을 통하여 행정의 효율성을 높이는 매우 중요한 자리이다. 인사(?)가 만사라고 늘 사람 있는 곳만 쫓아다니는 행태는 이제 과감히 버려야 한다.

둘째, 그동안 일부의회와 의원들에 의해 실추된 도덕성을 회복해야 한다. 이 문제는 초심의 정신만 지키면 가능하리라 생각된다. 주민에게 봉사하기 위해 출마했지 돈 벌기 위해 출마하지 않았기 때문이다.

셋째, 전문성을 갖추어야 한다. 당당함의 근원은 아는 것이다. 알아야 힘이 생기는 법이다. 언제까지 주위의 도움으로 그 자리를 연명할 생각인가? 이제 과감히 책을 펴고 연구를 시작해야 한다.

마지막으로 의원으로서 자긍심을 가져야 한다. 주민의 투표에 의해서 당선된 지방의회는 주민을 대표하는 대리인인 것이다. 그대들의 행동이 주민의 수준을 결정짓는 척도가 될 수 있다는 것을 명심하고 이제 자긍심과 당당함으로 나아가길 소망한다.

지방의회여! 무엇이 두려워 그리 움츠리는가? 위풍당당하게 일어나 기(氣)충천하여 IMF때보다 힘들다는 올 한해 지역발전과 주민들을 위해 많은 성과를 내길 바란다. 주민들은 언제나 당신들 편이다.

2009. 2. 20. 중도일보 금요논단

대전광역시의회여! 서구의회를 본받아라.

최근 대전광역시의회와 다수 기초의회가 의장단 선출 및 원 구성과 관련하여 온갖 추태를 보이고 있다. 일부 시민들은 지방의회에 대한 무용론을 제기하기도 하고, 주민소환으로 본때를 보여줘야 한다는 강경한 목소리를 내기도 한다.

본디 지방의회란 풀뿌리민주주의의 근간으로 모든 권한을 갖고 있는 집행기관의 견제를 위해 주민들이 뽑아준 주민의 대의기관으로써 그 활동의 모든 파워(power)와 활동의 근간은 주민으로부터 나와야 한다. 이러한 근본적인 원리에도 불구하고 법·제도·인물 등의 문제로 인하여 주민의 의사와 상관없이 행동하는 대리인 문제가 나타나고 있다.

요즘 대전시의회를 포함만 대부분의 지방의회에서 보여주는 의장단 선출과 원 구성 과정에서 나타난 파행들은 이런 대리인 문제의 단면을 보여주고 있는 것이다. 소위 지방의회에 주민은 없고, 지방의원과 자리만 있다고 해도 과언이 아닐 듯싶다. 지방의회 무용론이 힘을 받게 하는 이유이다.

이런 와중에 대전광역시 서구의회가 보여주는 혁신사례는 전국적으로 칭찬을 받기에 충분하다. 불과 2년 전까지만 해도 서구의회는 해외연수, 원 구성, 동료 간 갈등과 싸움 등으로 인하여 지역은 물론 전국적으로 주목 받는 '문제의회' 였다. 그런데 몇몇 초선의원들이 중심이 된 '더더림' 이라는 의원연구단체를 결성하여 집중적인 연찬과 의원간 담회 등을 통해 혁신적인 제도개선작업을 하였다. 대표적인 성과가 '외부인사주도의 공무국외여행심의회 구성', '의장단 및 원 구성시 교황선출방식 폐기와 후보등록 및 정견발표방식 도입', '전문의정자문위원제도입' 등이다. 의원들의 이런 헌신적인 노력과 혁신적인 변화는 2년 만에 전국의 모범적인 사례로 소개되고 있어 지역민의 한사람으로써 자랑스럽기 그지없다.

우리속담에 "형 만한 아우 없다" 란 말이 있다. 즉 아무리 아우가 잘나도 형보다는 못하다는 소리이다. 그런데 이 속담도 시대의 흐름에 따라 예외는 있는 것 같다. 이번 5기 후반기 원 구성과 관련하여 가장 문제가 있는 곳이 우리지역의 형님격인 대전광역시 의회이기 때문이다.

대전시의회는 변해야 한다. 바로잡아야 한다. 그 표본은 서구의회이다. 형이 아우의 답안지를 좀 보고 쓴다하여 누가 뭐라 하겠는가? 오히려 그 용기에 박수를 보낼 것이다. 지금이라도 모든 것을 내어 놓고 다시 시작하길 진심으로 바란다. 먼저, 그동안 제기된 부정선거 등 각종의혹에 대해 대전시의회 스스로 한 점 의혹 없는 진상규명이 이루어지길 바란다. 그리고 그 결과를 대전 시민 누구나 납득할 수 있게 시의회 차원에서 진심어린 사과와 소명이 이루어져야 한다.

그리고 의장단에 대한 신임투표가 이루어 져야 한다. 왜냐하면, 상처입고 아무 일 없다는 듯이 의정을 이끌어 가기란 불가능하기 때문이다. 신임투표결과 현 집행부에 대한 불신임안이 가결되면 처음부터 다시 시작하길 바란다. 현재 대부분의 전문가나 시민단체, 언론 등이 칭찬하는 서구의회의 방식으로 변화하길 기대한다. 그리고 근본적으로 불법·파행 등이 이루어질 수 없도록 차제에 의장선거방식뿐만 아니라 외부인사주도의 공무국외여행심의회 구성, 전문의정자문위원제도입, 민간참여 윤리위원회 구성 등 의회운영방식의 민주적인 시스템도입 작업이 이루어지길 바란다.

만약 지금과 같이 시민을 무시하고 소위 주류파와 비주류파가 평행선을 달려 주민들의 권익에 손해를 더 끼친다면 차후에 일어날 사태에 대한 책임은 전적으로 지방의회에 있다는 사실을 간과해서는 안 된다. 대전시의회, 그대들은 시민들이 용서한다고 손을 내밀 때 지금의 기회를 놓치지 말라. 만약 이를 거부한다면 그대들에게 기다리는 것은 주민소환뿐이라는 것을 명심해야 할 것이다.

2008. 8. 28. 중도일보 시사에세이

지방의회 급여결정 누가 어떻게 해야 하나?

올해가 지방의회 재출범 15년이 되는 해이다. 30여년 만에 부활된 지방의회는 그동안 오랜 중앙집권적 정치체제하에 매몰되었던 지역의 정체성을 새롭게 일깨워 줬음은 물론 주민의 자치의식과 참여를 신장시켰다. 그러나 한편으로는 지방의회의 제도적 한계, 지방의회의원의 전문성부족, 그리고 이권개입 등을 통한 부정부패 등으로 인하여 국민들에게 실망감을 안겨줬다.

그동안 학계 및 시민사회단체에서는 지방의회 전문성확보와 건전성확보 차원에서 의원들에게 월급을 주는 의원유급제 도입을 제기했었다. 그 결과 2005년 6월말 국회에서 선거관계법 개정안이 통과된 뒤 여러 모양의 논의를 거쳐 2006년 1월말 지방자치법시행령이 국무회의를 통과해 도입하게 되었다.

이와 관련하여 요즘 지방자치단체는 '의정비심의위원회' 구성과 급여수준의 기준을 제공할 자료를 수집하느라 여념이 없다. 의정비심의위원회는 자치단체별로 10인의 위원으로 구성되며, 위원들은 자치단체장과 의회의장이 학계, 법조계, 언론계, 시민단체 등에 추천 의뢰하여 선정한 다음 각 5인씩 위촉하여 구성하도록 되어있다.

의정비심의위원회에서는 지방자치법 제32조 제1항에 규정되어있는 의정활동비, 여비, 월정수당만을 결정할 수 있는데, 의정활동비와 여비는 지방자치법시행령 제15조에 근거한 범위 안에서 정할 수 있다. 그리고 월정수당은 지역주민들의 소득수준, 지방공무원의 보수인상률, 물가상승률, 지방의회의 의정활동실직, 그리고 당해자치단체의 재정능력 등을 종합적으로 고려하여 정하도록 되어 있다. 실질적으로 지방의회의원의 보수를 결정하는 곳이 바로 의정비심사위원회이다. 따라서 처음 구성되는 의정비심사위원회에 신중을 기울여야 할 것이다.

그러기 위해서는 첫째, 전문성에 기초한 인선이 필요하다. 물론 이번의 경우는 학계, 법조계, 언론계, 시민단체 등에 추천 의뢰하여 선정하도록 되어있지만, 과거 위원회위원 선정시 보여준 자치단체나 지방의회의 행태로 보아 특정 인사를 추천 유도하여 파행을 불러일으킬 수 있어 선정절차와 위원명단을 공개하는 것이 바람직하다.

둘째, 대표성과 평등성에 기초한 인선이 필요하다. 여기서 평등성이란 남녀의 평등, 계층 및 분야의 평등, 부의 평등을 의미하고, 이러한 기준들이 잘 반영된 인선이 필요하다.

셋째, 관심성 정도에 기초한 인선이 필요하다. 즉, 지방자치단체와 지방의회운영에 관심을 가지고 활동했던 경력이 있는 사람을 선임해야 한다. 예를 들면, 대학교수의 소속 학과나 직급을 기준으로 추천을 의뢰하는 것이 아니라 세부전공이나 관심성정도가 추천기준이 되어야 할 것이다.

그리고 의정비심의위원회에서 급여수준을 결정하는 과정에서 위원들은 다음 몇 가지 사항을 고려하여 심의·의결했으면 한다.

첫째, 지방의원들의 위상을 고려한 독자적인 급여체제를 제정해야 한다. 현재 논의되고 있는 공무원직급과 연계하여 보수를 책정해야 한다는 의견은 지방의원들의 위상에 심각한 손상을 줄 수 있다. 따라서 그런 자료는 참고사항으로 하고, 자치단체의 종합적인 능력과 지역사정을 고려하여 독자적인 보수급여체제가 만들어져야 한다.

둘째, 지역주민과의 형평성을 고려한 수준이어야 한다. 지역의 대부분을 차지하고 있는 지역민들의 평균적인 소득에 비해 지나치게 높게 급여가 결정된다면 지방의회는 주민의 대표기관이라는 의미보다는 지방의원이라는 새로운 직업이 생기는 것에 불과하다는 인식이 팽배해 거부감이 있을 수 있기에 이를 고려한 결정이 필요하다.

셋째, 의원들의 전문적 활동과 성실성을 평가, 반영하여 급여가 달라질 수 있는 성과주의 급여체제의 도입을 신중히 고려할 필요가 있다.

모쪼록 이번에 도입되는 의원유급제를 통하여 우리나라 지방자치제가 한 단계 성장하고, 그동안 문제점으로 지적되었던 전문성부족과 비리라는 오명으로 얼룩졌던 지방의회가 재도약하는 계기가 되길 희망한다.

2006. 2. 8. 중도일보 오피니언 기고

이번 후반기 의장단 구성이 지방자치 미래를 결정한다.

최근 대통령 소속 지방행정체제 개편추진위원회가 6대 광역시에 속한 자치구의 지방의회를 폐지하고 민선 구청장을 관선으로 바꾸는 개편안을 의결한 바 있다. 이런 의결의 배경에는 그동안 그들이 보여준 부정선거, 의장단 파행적 구성, 외유성 해외연수, 이권개입 및 부패 등 여러 가지 부정적 원인이 작용했을 것이다.

최근 경기가 안 좋아 지고 서민 물가가 상승하면서 지방의회에 대한 불만의 목소리가 점점 더 높아지고 있다. 별로 하는 것도 없는 것 같은데, 급여를 받는 것도 그렇고 해외연수를 가는 것도 그렇고 주민들 눈에는 좋아보이지는 않은 것 같다.

만약 이런 상황 속에서 국회가 국민투표를 통해 의결안을 밀어 붙인다면 통과될 가능성이 매우 높아 보인다. 솔직히 지방자치를 전공하는 필자부터도 막상 투표용지를 받으면 망설여 질 것 같기 때문이다. 그러나 우리가 어떻게 30여 년 동안 군부독재에 의해 중단되었던 지방자치를 왜 부활시켰는가를 생각해야만 한다.

물론 문제가 있으면 제도는 바꿀 수 있는 것이다. 그러나 문제는 그 것이 제도의 문제인지 인적구성과 그 행태가 문제인지를 따져 보는 것이 먼저 일 것 같다. 필자 생각에는 현재, 우리 지방자치의 문제는 제도보다는 구성원들의 행태가 더 문제인 것 같다.

어쨌든 이번 지방의회 후반기 의장단 구성과정은 지방행정체제 개편추진위원회 안의 진행여부에 큰 영향을 미칠 것임에는 틀림없어 보인다. 따라서 지방의회는 이런 역사적인 기로에 선 시점에서 괜한 빌미를 제공하지 말고 다음 몇 가지의 의견들을 참고하여 최대한 공정한 시스템으로 잡음 없이 원구성을 진행해 주길 바란다.

첫째, 지방의회 의장단 구성은 지역 국회의원이나 당협위원장의 의중이 가장 중요한 역할을 한다는 것은 누구나 다 알고 있는 사실이다. 그렇다면 불협화음의 원인도 그들에게 있다는 것이다. 지저분하게 뒤에서 조종하지 말고 공평한 경쟁으로 지역인재를 키워가길 바란다.

둘째, 최근 대부분의 지방의회가 의장단선출방식을 교황선출방식에서 후보자 등록 후 투표방식으로 변화를 가져왔다. 이것이 최선의 방식은 아니지만 현재 주어진 현실 속에서는 가장 합리적인 대안으로 생각된다. 문제는 상임위원장 선출방식에 있다. 현재 상임위원장 선출을 규정한 위원회조례에서 상임위원장을 본회의에서 선출하도록 규정하고 있는데 이것은 의원들 간의 사전담합과 밀실야합을 통해 계파내에서 상임위원장을 나눠먹게 만들 수 있기에 상임위원회에서 위원장을 선출하도록 그 규정을 개정할 필요가 있다. 물론 이것도 최선의 안이라기보다는 주어진 현실 속에서 가장 합리적인 안이라는 것이다.

셋째, 주민참여형 의장단선거방식의 도입도 검토하면 좋겠다. 우선 당장 해볼 수 있는 것은 의장후보 초청토론회를 열어 그들의 자질과 역량을 검증하는 것이다. 의장에게 대부분의 권한이 집중된 만큼 자신의 영달보다 주민들을 위해 봉사할 수 있는 인물이 선출될 수 있도록 이번 하반기 의장단선거에 지역민들의 적극적인 참여가 이루어 질 수 있길 바란다.

넷째, 어찌 보면 작금의 문제들은 탄탄하지 못한 지방의원 정당공천제에서 기인한다고 볼 수 있다. 우리나라의 정당평균수명이 3-4년 밖에 되지 않고, 지역 국회의원들의 행태를 생각할 때 일정기간 그 제도를 유보하는 것도 필요할 것이다.

지금 우리의 지방자치가 귀로에 서 있다는 것에 이의를 제기하는 사람은 많지 않을 것이다. 그만큼 이번 후반기 원구성과정이 중요한 이유이다. 내가 아니라 국민만 바라보면 답이 보이는데 왜 우리는 그렇게 하지 못하는지 답답할 따름이다. 지방의회가 소 잃고 외양간 고치는 잘못을 저지르지 않길 기대해 본다.

2012. 5. 22. 중도일보 시사에세이

전국시·도의회의장협의회 제13차 정책자문위원회

정기총회
축

경축

한국의정연수원

|chapter 5|

정치개혁

국난 극복, 개헌이 답이다.

요즘 대한민국 나라꼴이 말이 아니다. 대통령은 비상식적 비상계엄 선포로 탄핵소추가 되어있는 상황이고, 거대야당은 현 정부 출범 이후 30여건의 정부 관료 탄핵소추를 발의하여 국정운영이 마비지경에 이르게 하고 있다. 이런 여파로 원·달러 환율은 급등하고 있고, 주식은 급락하고 있으며, 서민경제는 파탄지경에 이르게 되었다. 오랜 의정갈등으로 의료체계는 붕괴되어 가고 있고, 그 끝을 가름할 수 없어 국민들 특히 환우들은 불안한 나날을 보내고 있다. 이런 와중에도 여야 정쟁은 멈출 줄을 모른다. 계속 서로 못 잡아먹어 안달들이다.

어디서부터 잘 못된 것일까? 정말이지 걱정이 아닐 수 없다. 소위 말하는 아마추어 대통령 탓, 야당대표의 사법리스크 탓, 과도한 여소야대의 정치지형 탓...원인은 여러 가지겠지만 필자생각엔 수명 다한 제6공화국 헌법 탓이라 여겨진다. 지금의 헌법체제하에서는 한 발짝도 나아갈 수 없는 것이 우리의 현실이라 판단하여 제7공화국 헌법 개정을 제안하는 바이다.

주지하는바와 같이 1987년 제6공화국 헌법은 대통령 중심제를 기반으로 하면서도 권력 남용을 방지하기 위한 견제 장치를 마련했었다. 국회의 권한 강화, 헌법재판소 신설, 인권 보호 조항 등이 대표적이다. 하지만 대통령 중심제의 구조적 문제, 특히 제왕적 대통령제에 대한 비판이 꾸준히 제기되었다. 대통령의 권한 집중은 국정 운영의 효율성을 저해하고 정치적 갈등을 심화시켰으며, 국회와 행정부 간의 협력이 부족해 지금과 같은 정치 실종 현상이 발생하기도 했다. 특히 여소야대 정국하에서는 여야의 심한 대립으로 모든 국정이 마비되는 현상까지 초래되고 있는 것이 현실이다.

개헌의 방향은 주로 권력구조 개편과 국가균형발전형 지방분권강화 그리고 행정수도에 대한 명확한 법적근거를 제시하는 차원에서 논의되어야 할 것이다. 권력구조 개편에서는 대통령제의 문제를 완화하기 위해 유럽 선진국들에서 많이 선택되고 있는 이원집정부제나 내각책임제 도입을 생각해 볼 수 있다. 이원집정부제는 대통령과 총리가 권한을 나누어 국정 운영의 효율성을 높이는 것을 목표로 하며, 내각책임제는 국회의 다수당이 정부를 구성하여 의회와 행정부 간의 협력을 강화하는 구조를 갖는다. 어떤 제도든 우리에 딱 맞는 제도는 없는 것이기에 숙의과정이 반드시 필요하다.

지방분권은 중앙 정부에 집중된 권력을 지역으로 분산시켜 지역균형발전을 이루는 것을 목표로 한다. 현재의 헌정 체제에서 지방자치단체는 법적, 재정적으로 중앙 정부에 절대 의존하는 구조를 가지고 있으며, 이는 지역 차원의 독립적 정책 추진을 제한하는 요인으로 작용한다. 지방분권형 개헌은 이러한 문제를 해결하고 주민 참여를 확대하는

데 초점을 맞춰야 할 것이다. 말도 안 되는 작금의 정치적 상황(비상계엄, 대통령탄핵소추)속에서도 그나마 국민들이 큰 불편 없이 일상생활을 할 수 있는 것은 지방자치제 운용덕분이다. 이제 2할 자치를 넘어 연방제 수준의 자치분권국가로 나아갈 시점이다.

행정수도에 대한 명확한 법적근거는 현재로선 없다. 2004년 헌법재판부의 관습 헌법상 수도서울을 인정한 이후 그 어떤 법적근거를 마련한 적이 없기 때문이다. 차제에 "관습헌법 결정례" 에 대한 변경을 통해 이 문제에 대한 법적근거를 명확히 마련할 필요가 있다고 본다. 주지하는 바와 같이 현재 세종시에는 중앙행정기관(소속기관 포함) 47개와 공공기관 31개가 이전을 완료하여 이미 행정수도의 기능을 수행하고 있고, 대통령제2집무실과 국회세종의사당도 법과 예산이 통과되어 추진 중에 있다. 이제 경제수도 서울, 행정수도 세종의 완성을 통해 더 이상 국정혼란과 예산낭비를 막고 대한민국의 미래를 담보할 시점이다.

전화위복, 위기가 곧 기회다. 특히 우리 민족에게는 잘 어울리는 말이다. 외환위기 때도 그랬고, 코로나19 펜데믹 때도 그랬다. 평상시에는 실행할 수 없었던 우리의 숙원과제, 7공화국 개헌. 이제 그 실현을 통해 새로운 대한민국, 강한 지방정부를 만들어야 한다. 이것이 세계일류강국을 꿈꾸는 우리의 숙명이고 놓쳐서는 안 될 절호의 기회인 것이다.

2025. 1. 중부매일, 세상의 눈

22대 총선의 의미와 우리의 역할

22대 총선, 우리사회 미래방향을 선택하는 것

정치인, 국민의 기대에 부응하는 정책을 수립해야할 책임

국민, 적극적으로 정치과정에 참여해야할 책임

4월 10일 실시되는 22대 총선이 50여일 앞으로 다가오면서, 우리 사회는 중대한 전환점에 서 있다. 이번 선거는 정치적 안정과 국민적 신뢰 회복, 국가 미래 비전 설정과 경제 활성화, 사회적 약자에 대한 배려와 환경 문제 해결, 그리고 국제관계 개선이라는 중요한 과제를 안고 있다. 이 모든 과제는 국민의 삶과 직결되어 있으며, 이번 선거가 우리 사회의 미래 방향을 결정짓는 중요한 기회임을 의미한다.

최근 우리 사회는 정치적 분열과 대립을 경험하고 있고 극도의 정치혐오로 피로감을 느끼고 있다. 이제 국민들은 이러한 정쟁을 넘어, 문제 해결을 위한 협력과 대화를 갈망하고 있다. 진정 국가의 미래를 걱정하고 토론하는 정치 본연의 모습을 바라고 있다. 국민들은 또한 코로나19로 인한 경제적 타격을 극복하고, 경제를 활성화시킬 수 있는 구체적이고 실현 가능한 경제 정책을 원하고 있다.

사회적 약자를 위한 배려와 지원도 중요한 이슈이다. 노인, 장애인, 저소득층, 청년 등 취약 계층을 위한 정책들은 우리 사회의 포용성을 강화하고, 모두가 함께 발전할 수 있는 기반을 마련하기 때문이다. 환경 문제에 대한 책임감 있는 접근도 필수적이다. 기후 변화 대응, 재생 가능 에너지의 확대, 환경 보호 정책의 강화는 지속 가능한 발전을 위해 필요하기에 더 이상 늦출 수만은 없는 문제이다.

이런 의미에서 이번 22대 총선은 단순히 정치인을 선택하는 행위를 넘어, 우리 사회의 미래를 결정하는 중요한 과정인 것이다. 우리 모두가 이 과정에 적극적으로 참여하고, 신중한 판단을 내리는 것이 중요하다. 출마자들에게는 국민의 요구에 부응하는 정책을 마련하고 구체화하는 책임이 있다. 한편, 국민들에게는 자신의 권리를 적극적으로 행사하고, 정치 과정에 참여하여 우리 사회의 미래를 함께 만들어가는 역할이 있다고 할 수 있다.

학자로서, 정치평론가로서, 나는 이번 총선이 우리 사회에 긍정적인 변화를 가져올 수 있는 중요한 기회라고 생각한다. 우리 모두가 이 기회를 소중히 여기고, 책임감을 가지고 선거에 임한다면, 우리 사회는 더욱 발전하고 성숙할 수 있을 것이라 생각한다. 정치인과 국민이 함께 노력하여 우리 사회가 직면한 도전을 극복하고, 모두가 함께 번영할 수 있는 미래를 만들어 가는 것이 이번 총선의 궁극적인 목표라 할 것이다.

이번 총선을 통해 선출될 정치인들에게는 국민의 신뢰를 얻고, 그들의 기대에 부응하는 정책을 수립하고 실행하는 중대한 책임이 있다. 그들은 국민의 선택을 받아 우리 사회의 미래를 이끌어갈 주역이 될 것이다. 이를 위해, 정치인들은 국민과의 지속적인 소통을 통해 사회적 신뢰를 구축하고, 더 나은 미래로 나아가는 데 필요한 리더십을 발휘해야 한다.

한편, 국민들의 역할도 마찬가지로 중요하다고 본다. 우리 모두는 우리 사회의 미래를 결정짓는 중요한 순간에 목소리를 내고, 책임감 있는 선택을 해야 한다. 국민 각자가 정보에 기반한 의사 결정을 하고, 적극적으로 정치 과정에 참여함으로써, 우리는 더 나은 사회를 만들어갈 수 있다.

이 모든 과정을 통해, 이번 총선은 우리 사회에 긍정적인 변화를 가져오는 중요한 전환점이 될 것이다. 우리 사회가 직면한 여러 도전을 극복하고, 새로운 가능성을 열어가는 기회가 될 것이다.

또한, 이번 총선은 국제 사회에서 우리나라의 위치와 역할에 대해서도 생각하는 중요한 시점임을 잊지 말아야 할 것이다. 따라서 글로벌 이슈에 대응하고, 국제 협력을 강화하는 방향으로의 정책이 마련되고 선거과정에 치열한 토론을 통해 우리의 방향성을 설정하는 기회가 되어야 할 것이다.

종합적으로, 22대 총선은 정치적 안정, 경제 활성화, 사회적 배려, 환경 보호, 국제 관계 등 국민의 다양한 기대를 반영하며, 이를 통해 우리 사회의 미래를 결정짓는 중요한 기회이다. 후보자들과 국민 모두가 이 책임을 진지하게 받아들이고, 더 나은 내일을 위해 함께 노력한다면, 이번 총선은 우리 사회에 긍정적인 변화를 가져오는 중요한 전환점이 될 것으로 확신한다.

22대 총선, 우리미래를 선택하는 것이다. 어떤 환경, 어떤 세상에서 살 것인가를 선택하는 것이다.

2024. 2. 28. 중부매일, 세상의 눈

선수에게 심판을 맡길 수는 없는 것이다.

국감이 끝났으니 이제 누가 뭐라 해도 총선모드 돌입이다. 마음이 콩밭에 있는걸 알았기에 초라한 성적의 맹탕국감이었다 해도 실망스럽지가 않다. 그저 빨리 21대 국회가 마무리 되었으면 좋겠다는 게 솔직한 심정이다. 지켜보고 있는 것 자체가 힘들기 때문이다.

"선거는 나의 미래를 선택하는 것이다" 라는 게 평소 나의 소신이다. 내가 어떤 환경, 어떤 사회, 어떤 복지혜택을 누리며 살 것인가를 선택하는 것이기 때문이다. 이는 나와 우리세대의 문제이기도 하지만, 우리자식 다음세대의 문제이기도 하기에 더욱 중요한 것이다.

국민 대다수가 공감하는 것 중 하나가 "대한민국은 정치가 문제다" 라는 것이다. 정치만 잘하면 나라도 평안해질 것이고, 정치만 잘하면 경제도 나아질 것이고, 정치만 잘하면 밝은 미래도 국민행복도 기대할 수 있을 거라고 국민들은 생각한다.

대한민국 국민의 삶과 미래 환경을 책임질 제22대 국회의원 선거(2024.4.10.)가 사전투표일 기준 5개월 앞으로 다가왔다. 선거는 정해진 일정에 따라 진행되는데 꼭 그렇지만 않은 것이 현실이다. 선거구 획정문제가 그렇다.

원래 공직선거법에 규정된 22대 총선을 위한 선거구 획정 기한은 선거일 1년 전인 올 4월 10일까지였다. 벌써 7개월이나 지난 상태인데 아직도 감감 무소식이니 답답하기 짝이 없다. 문제는 역대 선거를 되돌아봤을 때 선거구 획정이 계속 늦어진다는 것이다. 18대는 47일전, 19대는 44일전, 20대는 42일전 그리고 21대에는 36일전에 획정되었다. 이제는 이것이 관행이 되어 버린 것이고 점점 더 대담하게 늦어진다는 데 문제의 심각성이 있다.

이렇게 늦어진 선거구 획정은 여러 문제점들을 수반한다. 당장 이달 12일부터 내년 총선 국외 부재자 신고가 시작되는데, 일부 유권자들은 자신의 지역구가 어딘지 모르는 상태에서 부재자 신고를 하게 된다. 또 오는 12월 12일부터 예비후보자 등록이 시작되는데, 정치 신인들은 자신의 지역구가 어디인지 모르는 상태에서 표밭을 다져야 한다. 그러니 공약인들 제대로 준비할 수 있겠는가 말이다.

사실 이렇게 선거구 획정이 늦어지면 늦어질수록 유리한 것은 현역의원이라고 생각한다. 현역 의원들은 의정활동 보고 등을 통해 사실상 선거운동을 할 수 있지만, 정치 신인들은 선거운동에 제약이 많기 때문이다. 그래서 정치 신인들은 "선거구 획정 지연이야말로 현역 의원들이 자신들의 기득권을 지키는 행위이고, 이를 가능케 한 선거법은 '현역우대법'"이라고 주장하는데, 일리가 있다고 생각한다.

어찌됐든 여야가 선거구 획정을 미루는 것은 국민의 참정권을 침해한 직무유기이자 범법행위다고 볼 수 있다. 지역구 분구·합구는 쉽게 합의할 수 없는 문제인데, 선수에게 심판을 맡기니 어찌 보면 당연한 결과일 수도 있다. 이제는 이런 관행과 법규를 바꿔서 같은 일이 반복되는 오류를 범하지 말아야 할 것이다. 동네 축구 말고, 세상에 선수가 심판을 보는 곳은 없다.

2023. 11. 2. 충청투데이, 시론

2023년 추석민심 보고

엿새간의 긴 추석 황금연휴가 끝났다. 모처럼 맞은 장기 연휴인 탓에 즐거움도 컸지만, 그 후유증 또한 만만치 않은 것 같다. 그러나 내후년(2025년) 추석은 임시공휴일 지정이나 연차 없이도 내리 7일을 쉴 수 있다고 하니 또 그때를 기약하며 즐거운 맘으로 업무에 복귀해 본다.

대학교수이자 정치평론을 하는 필자는 고향이 호남이고 처가가 영남인 관계로 명절은 민심을 두루 청취할 수 있는 소중한 기회가 된다. 이번도 예외는 아니었다. 친구들도 만나고 형제자매 만나 이런저런 얘기를 하며 나름 추석민심을 파악해 보았다.

추석 민심 중에 가장 크게 들린 소리는 '경제와 민생회복'이었다. 사람들은 경기불황과 고물가, 고금리로 하루하루 힘들게 살고 있다며 아우성이다. 청년들의 취업문은 더 좁혀지고 있고, 쪼그라든 저출산은 국가 앞날마저 암울한 게 현실이다. 그럼에도 정치권은 정쟁만 일삼고 있고 여전히 네 탓 공방만 하고 있으니 걱정이 이만 저만이 아니다. 코로나19 때는 상황이 그렇다 치지만 이제 일상회복이 됐는데도 회생기미가 보이질 않으니 말이다.

다음은 '정치복원' 이다. 정권이 바뀌고 여소야대 상황이 된 이후로 하루도 정쟁이 멈춘 날이 없었다. 정치의 본질인 대화와 타협은 실종되고 여의도는 야수들이 싸우는 막장드라마를 보는 듯하다. 과거에는 그래도 여야가 치열하게 다투다가도 협치가 있었다. 극적인 대 타협이 있었다. 그러나 지금은 '방탄, 탄핵, 해임' 같은 용어들이 말해주듯 한 치의 양보 없이 평행선을 달리고 있다. 총선이 6개월 앞으로 다가오고 있으니 더하면 더했지 나아 질리는 만무해 보인다. 그래서 걱정이다.

마지막으로 긴장이 고조되고 있는 '남북관계상황' 이다. 국민들은 솔직히 불안해하는 것 같다. 남북이 연일 험한 언행을 주고받고 있으니 그럴 만도 하다. 강군의 필요성을 인정하면서도 정부의 강경대치로 전쟁을 걱정하는 이들도 많다. 여기에 일본 후쿠시마 오염수(처리수) 방류와 관련하여 여야 상반된 주장으로 정국을 어지럽히니 국민들은 무엇이 옳은지 그른지 혼란스럽기 짝이 없는 상황이다.

이런 민심의 근원지는 정치실종이라고 생각한다. 국민들은 인내심을 갖고 지켜보고 있지만 한계에 다다른 느낌이다. 이대로 조금만 더 가다간 무슨 사단이라도 날 것만 같다. 이제라도 여당은 여당답게 야당은 야당답게 정치를 해야 한다. 서로 타협하고 대화하면서 민생을 챙겨 국민들이 편히 살 수 있도록 길을 열어줘야 한다. 정치복원의 열쇠는 대통령과 야당대표에 있다고 본다. 거대야당대표는 국회정상화와 민생회복을 위해 협조해야 한다. 대통령께서도 야당대표와 만나 무슨 말이든 듣고

협치의 길을 모색해야 한다. 야당대표가 여러 의혹의 피의자 신분인건 만천하가 다 아는 사실이다. 그렇지만 그는 아직 형이 확정되지 않은 피의자 신분 일 뿐더러 국회 168석의 제1당 당대표이기 때문이다. 명분보다는 민생이 중요하다. 국민은 다 죽는다 하는데, 국회는 한걸음도 나가고 있지 못하니 특단의 대책을 마련할 필요가 있다. 정치도 정권도 국민이 외면하고 무시하면 무슨 소용이 있겠는가?

2023. 10. 6. 충청투데이, 시론

대전 국회의원 선거구 증설 논의와 그 해법

얼마 전 이택구 대전행정부시장이 정치권을 향해 '국회의원 지역선거구 증설 촉구 건의' 관련 브리핑을 했다. 이번 브리핑은 이장우 대전시장과 5개 구청장이 내년 4월 치러지는 제22대 총선과 관련해 지역내 국회의원선거구 증설을 국회와 각 정당에 요구하기로 결의한 내용을 바탕으로 진행되었다.

그렇다. 대전은 현재의 인구를 기준으로 볼 때, 비수도권 광역시 중 유일하게 인구 기준의석수(인구÷선거구 평균인구) 대비 배정 의석수에서 불이익을 받고 있음이 통계적으로 증명된다. 부산보다는 2석(16→18), 광주(7→8)와 울산(5→6)보다는 각각 1석을 손해보고 있는 실정이다. 특히 우리가 자주 거론하는 광주와 비교하여 보면 대전인구가 15,990명(2023.1.기준)이 더 많은데 오히려 1석이 적은 상황이다. 이는 대의민주주의 체제의 근간이라 할 수 있는 지역 대표성과 표의 등가성 원칙이 상당히 왜곡되고 있음을 보여줌을 의미한다.

이런 현상의 원인은 지역출신 국회의원들의 '정치력의 부족과 관심부족'이 가장 클 것이다. 국회에선 의석수와 선수가 깡패라는 말이 있다. 상임위원회에 지역출신 의원이 포함 되었느냐 아니냐는 지역정책 채택과 지역예산 확보에 중요한 역할을 함은 주지의 사실이다. 그동안 우리지역 국회의원들은 선거때마다 하는 얘기가 있었다. “이번만 당선되면 무조건 국회의장....이번만 당선되면 ○○○장관..., 힘 있는 정치인이 되어 지역발전에 기여하겠다...” 또 4년이 지나가고 있다. 그들의 개인적 목표는 달성했는지는 모르겠지만 지역발전을 생각하면 한숨만 나오는 것이 사실이다. 방송언론에는 뻔질나게 나오고, 경조사에도 뻔질나게 다니는데, 도통 지역문제에는 관심이 없는 것 같다. 내년 선거에선 또 어떤 감언이설로 표를 구할지 자못 궁금하다.

자치단체장들의 전략부재도 한몫하고 있다고 생각한다. 특히 광역자치단체장은 이문제 해결을 위해 미리 미리 노력 했어야 했다. 광주광역시가 대전보다 인구가 적은데 국회의원 배정의석수가 많은 것은 때마다 진행된 행정구역 개편이 주효했다는 설(?)이 있다. 우리나라 선거구 획정의 특성상 행정구역은 가장 큰 결정요인중의 하나이기 때문이다. 서구를 둔산구와 구봉구로 분리하는 안도 좋고, 서구와 유성구간 행정구역 경계조정안도 좋다. 지금부터 장을 열고 논의를 시작해보자.

민선 6기 권선택 시장 때처럼 시민들의 뜻이 담긴 서명서도 받고, 선거구증설을 위한 6자 협의체도 만들고, 뭔가 간절히 원한다는 결기를 보여줄 때라 생각한다. 선거가 이제 7개월 앞으로 다가왔으니 이번엔 늦었다고 생각할 수도 있다. 그러나 최근 국회의원 선거구 획정이 최소

1년 전에 되어야 함에도 평균 50일 전(21대 39일전)에 획정 된 것을 감안하면 꼭 그렇지마는 않다. 이제라도 구성원모두가 똘똘 뭉쳐 차별을 얘기하고 정당한 우리의 권리를 주장하여야 한다. 우리의 소원은 간절히 원하고 뭔가를 실천할 때 이루어지기 때문이다.

2023. 9. 8. 충청투데이, 시론

이태원 참사와 국가의 미래

지난 10월 29일 이태원에서는 다수의 인명피해가 난 대참사가 발생했다. 11월 14일 현재 기준으로 사망자가 158명이고 부상자는 196명이다. 이번 참사는 단일 사고 인명 피해로는 2014년 '세월호 참사' 이후 최대 규모이고, 압사 사고 가운데서는 가장 큰 피해를 낸 사례로 기록될 것 같다.

세계경제 10위권 국가의 수도 서울 한복판, 그것도 불과 40m 남짓한 좁은 골목에서 350여명의 사생자를 낸 너무도 황당하고 어처구니없는 참사 앞에서 국민들은 부끄럽게 울고 있고, 세계인들도 다양한 표현으로 애도에 동참하고 있다.

이런 상황 속에서도 우리 정치권은 참사 책임론을 놓고 남 탓 타령이고 이를 정쟁의 수단으로 이용하려고 온갖 술수들이 난무하고 있다. 정부·여당은 '경찰 책임론'을 부각하는 한편 야당은 '정부 책임론'을 들고 나와 행정안전부 장관, 국무총리의 경질 그리고 국정조사와 특검까지 요구하는 입장이어서 이를 둘러싼 여야공방이 치열해질 것으로 보인다.

세상에서 가장 추악한 짓은 남 고통을 이용해 자신의 이익을 얻는 것이라고 생각한다. 지금 정치권이 딱 그 모양새다. 희생자 가족과 국민들은 안중에도 없다. 한쪽에서는 세월호 때처럼 흘러갈까 노심초사하며 방어하고 있고, 또 다른 한쪽에선 세월호 때처럼 흘러가길 바라며 공격하고 있는 형국이다. 참으로 안타깝고 걱정이 아닐 수 없다.

필자는 이런 일련의 사태를 보면서 우리나라의 가장 큰 문제는 정의(justice)의 부재, 기준(standard)의 부재라 생각한다. 어떤 사건 사고가 발생했을 때 무엇이 문제이고, 판단의 기준점은 무엇인지가 존재하지 않는다는 것이다. 우리에겐 남 탓 공방만 있고 진영논리만 있지 합리적 사고를 뒷받침할 원칙은 없는 것 같다. 우리는 매번 사고 나면 분노하고 공방하고 수습하고 또 잊혀지는, 다람쥐 쳇바퀴 도는 정치·행정행태를 지켜봐야 한다.

그런 의미에서 이제 우리는 이번 참사를 계기로 국가운영(국민판단)의 정의와 기준이 설계되어야 한다고 본다. 필요하다면 가칭 '국가정의국민판단기준위원회'라도 만들어 관련 논의를 시작해야 한다고 생각한다. 여기에는 빨강, 파랑, 노랑 등의 정치색 배제는 물론 국가의 미래와 국민의 행복을 걱정하는 순수 국민들이 참여하여야 할 것이다. 1-2년 단기작업이 아니라 장기적이고, 대를 잇는 지속작업이 되어야 할 것이다.

위기는 기회라 했다. 이번 이태원 사고로 참담하고 비통한 마음 금할 길 없지만, 그래도 정신 차려서 다시는 이런 참사가 재발되지 않도록 대책마련에 힘써야 할 것이다. 그리고 이런 재난과 참사속에서도 국론이 분열되지 않고 신속히 수습될 수 있도록 국가와 국민판단을 위한 정의와 기준의 대원칙이 마련되는 계기가 되길 소망해 본다. 대한민국이 진정한 경제부국 문화선진국이 되기 위해서 가칭 '국가정의국민판단기준위원회'의 설립과 운영은 꼭 필요한 작업이라 생각한다.

2022. 11. 15. 충청투데이, 시론

선거는 나의 미래를 선택하는 것이다.

살다 살다 이런 선거는 처음인 것 같다. 주객이 전도 되도 너무 전도된 것 같다. 지방선거인데 지방후보엔 별 관심이 없고, 몇몇 국회의원 보궐선거에 출마한 거물정치인(?)에게만 관심이 쏠린다. 심지어 대선 2차전이란 말도 있다. 대한민국엔 중앙만 있고 지방은 없단 말인가? 지방자치 부활 30년의 자화상이다.

전국 17개 광역자치단체장과 교육감, 226개 기초자치단체장, 779명의 광역의원과 2602명의 기초의원을 뽑는 6.1 지방선거가 내일이면 끝이 난다. 아니 지난해부터 시작된 선거의 대장정이 끝나는 것이다. 솔직히 어느 쪽이 승리하든 빨리 끝났으면 좋겠다. 너무 피곤하다. 빨리 일상으로 돌아가고 싶다. 이것이 나만의 생각일까?

우리는 지난 대선부터 이어지는 선거를 통해서 대한민국의 정치 현주소를 똑똑히 확인할 수가 있었다. 선수들은 지고도 승복할 줄을 모른다. 페어플레이 정신은 눈 씻고 봐도 찾을 수가 없다. 문제는 이것이 이번만의 문제라기보다는 정치문화로 고착화되고 있다는 것이다. 예선전은 예선전대로 결승전은 결승전대로 깨끗이 승복하는 경우를 본적이 없다. 뭐가 그리 억울한지.

정책선거보다는 네거티브 공방만 있다. 솔직히 우리는 선거 때마다 좋은 후보를 선택하기 보다는 덜 나쁜 후보를 선택해야만 하는 상황에 직면하게 된다. 정치를 하겠다는 분들이 다 나쁜 사람들은 아닐진대 매번 반복되는 현상이다. 좋은 정책도 많을 텐데 도통 알 수가 없다. 어쩌다 이 지경까지 됐는지 모르겠다.

선거운동도 볼썽사납다. 대한민국은 4차산업혁명시대를 선도하는 세계10대 경제대국이고 세계최고 수준의 초고속 인터넷을 자랑하는 국가인데 선거운동은 원초적이다. 아니 후진적이다. 대형현수막 홍수, 알바 선거운동원들의 댄스파티(?), 시장 좌판에서 물건 팔듯하는 유세차량들... 저급하다는 표현이 어울릴지도 모른다.

교육감선거엔 관심이 없다. 교육은 대한민국의 미래가 걸린 백년대계(百年大計)인데, 도통 교육정책에는 관심이 없고, 같은 이념성향 후보들끼리의 단일화에만 관심이 있다. 우리 아이들의 미래를 이합집산, 깜깜이 선거로 뽑힌 교육감에게 맡긴다는 건 생각만 해도 아찔한 일이다.

이제 내일이면 선거가 모두 끝난다. 바뀌어야 한다. 선거문화가 바뀌어야 하고 정치행태가 바뀌어야 한다. 가장 확실한 방법은 시스템의 변화라 생각한다. 경쟁에서 탈락하면 깨끗이 승복할 수 있는 정당승복시스템, 네거티브 공방을 근본적으로 차단하는 방송언론토론시스템, 디지털시대에 맞게 홍보를 유도하는 선거관리시스템, 그리고 깜깜이 복마전 선거를 해결하는 새로운 교육감선출시스템(러닝메이트제) 등의 도입이 필요하다.

코로나19 팬데믹이 3년째 지속되고 있다. 우리 건강도 무너지고, 지역 경제도 무너지고, 국가의 살림살이도 무너지고 있는 상황이다.

물론 우리만의 상황은 아니지만 말이다. 3.9 대선에서 선출돼 5월 10일 취임한 윤석열대통령과 6.1 지방선거에 당선돼 7월 1일 출범하는 지방정부의 최우선과제는 절박한 이런 상황들을 극복하고 새로운 미래를 그려가야 하는 사명을 가지고 있다. 여・야 입장을 따지지 말고 오직 국민, 오직 국가만을 위해 매진할 것을 부탁한다.

’88년 이후 32년 만에 전면 개정된「지방자치법」이 지난 1.13일 시행되었다. 재정분권의 아쉬움은 있지만, 주민참여가 강화되었고, 지방의 자율성이 한층 높아졌다. 각각의 자치단체가 스스로 여건에 맞는 기관구성형태를 결정할 수도 있다. 또 권역별 특별지방자치단체 구성이 가능해져 제2, 제3의 수도권을 형성할 수 있는 메가시티(Mega City)도 추진할 수 있게 됐다. 문제는 이것을 운영하는 사람이고, 그 사람의 역량이다. 소위 깜냥이 되는 후보가 당선돼야 하는 이유다.

그 어느 선거도 중요하지 않은 적은 없지만, 이상의 이유들로 이번 선거는 그 중요성이 더 크다 하겠다. 선거는 니편, 내편을 가르는 것이 아니고 나와 우리가 어떤 환경에서, 어떤 일을 하며, 어떤 해택을 누리며 살 것인가를 결정하는 것이다. 그러니 꼭 참여하시어 풍요롭고 행복한 스스로의 미래를 선택하길 소망한다.

2022. 5. 31. 중도일보, 중도마당

대선과 지방소멸 해법

필자는 오는 3월 있을 대통령선거에서 가장 뜨거운 주제 중 하나가 지역소멸 문제일 것이라 생각했다. 정부가 지난해 10월 전국 89곳을 인구감소지역으로 지정하면서 불편한 진실이 드러났고, 지방의 위기감은 고조되고 있기 때문이다. 그래서 수도권 규제를 강화하고 국가 균형발전과 지방분권을 위한 정책들이 많을 것으로 기대했다.

하지만 각당 후보들이 내놓은 공약(주택공급정책과 교통정책)을 보고 내 판단이 또 틀렸구나 하는 생각을 이내하게 됐다. 예를들면 A후보는 전국에 주택 311만호를 짓겠다고 공약했다. 이 가운데 서울 공급 물량이 107만호, 경기도・인천 물량이 151만호다. 83%가 수도권 몫이다. B후보도 250만호 가운데 절반 이상인 130만호를 수도권에 공급하겠다고 한다. 이뿐 아니다. 두 후보는 GTX 노선 연장, 수도권 전철 지하화 공약을 경쟁적으로 발표하고 있다. 수도권을 30분 생활권으로 묶겠다고 한다.

난 또 깨닫는다. 지방소멸 문제가 개선되지 않는 궁극적 이유는 선거와 정치라는 것을. 그럼에도 또 나는 나의 주장이 공허한 메아리일 것을 알면서도 정치인이 아닌 학자이기에 다음 몇 가지를 지방소멸 해법으로 제시해 본다.

첫째, 지방분권형 개헌이 필요하다. 역대정부는 국가균형발전과 분권을 강조했지만 결과적으론 국토불균형과 중앙권력집중만 키웠다. 정부는 지방소멸의 위기 앞에서도 서울의 부족한 주택문제를 해결하기 위한 수도권 신도시 주택공급 정책에 집중했다. 이런 문제들을 근복적이고 시스템적으로 해결하기 위해서는 지방분권형개헌과 상 · 하원제로의 국회구성체계를 바꾸는 노력이 필요하다.

둘째, 수도권 일극체제를 다극체제로 전환해야 한다. 수도권에 버금가는 인프라를 갖춘 초광역 거점도시를 집중 육성하야 할 것이다. 예를 들어 충청권메가시티, 부울경 메가시티, 대구경북 통합, 광주전남 통합 등 5-7개의 거점도시가 유럽의 강소국수준으로 육성되어 장기적으론 중앙집권적 권력구조에서 연방제수준의 분권국가 구조로 변해가야 할 것이다.

셋째, 고등교육시스템을 바꿔야 한다. 수도권집중화의 근본적인 원인은 대학서열화에 있다고 본다. 전국에 문어발처럼 펼쳐져 있는 국공립대학을 통합하여 프랑스처럼 평준화하고 서울1대학~서울8대학(자격 또한 똑같이 부여하여 굳이 서울에 가지 않아도 되는)으로 전환해야 한다. 그리고 지역거점대학에 대한 지원을 대폭강화하여 교육과 연구를 세계적인 수준으로 끌어올릴 때 젊은이들의 인서울 · 명문대 러시가 사라질 것이다. 또한 지방 사립대도 특성화를 중심으로 지원 · 유도하고, 부실한 대학에 대하여는 안전한 퇴로가 가능할 수 있도록 법적문제를 풀어줄 필요가 있다. 이상의 것들을 전제로 지역대학출신들에 대한 공공기관 지역인재 채용비율도 80%수준으로 향상시켜 지역인재가 지역을 위해

일할 수 있는 시스템을 강화시켜야 한다.

넷째, 국가예산을 사회기반 SOC사업 중심에서 생활기반 SOC사업으로 전환이 필요하다. 누구를 위한, 무엇을 위한 SOC 사업인지 자문해 볼 필요가 있다. 예를 들어, 서해안 복선전철과 경부고속도철도를 연결하는 사업으로 서울~홍성간 이동시간이 기존의 2시간에서 40분대으로 단축될 예정이라 혁신도시 내포신도시에 공공기관유치가 활성화 될 것으로 보고 있다. 이것은 정령 누구를 위한 정책이란 말인가?

2022. 2. 28. vol.108, 대전광역시의회, 대전의정소식

선거와 국민행복

선거는 민주주의 꽃이다. 왜냐하면 선거는 국민이 정치에 참여하는 가장 기본적인 방법이고, 국가의 주인으로서 권리를 행사하는 가장 손쉬운 방법이기 때문이다. 선거는 민주주의 축제이다. 왜냐하면 선거는 국민의 삶과 국가의 미래를 놓고 치열하게 경쟁하여 국민의 선택을 받는 장이기 때문이다.

이런 이유로 선거는 온 국민이 신나게 참여하고 열띤 토론을 통해서 국가의 장래를 책임질 지도자를 선택하는 것이 당연한 이치이다. 그럼에도 불구하고 작금의 현실은 적대와 증오, 분열 등 온갖 네거티브 공방만이 선거판을 점령하고 있어 역대급 비호감 선거라는 평을 받는다. 특히, 국가비전이나 민생정책이 아닌 신변잡기로 전파와 지면이 낭비되고 있고, 심지어 후보자 뿐만 아니라 가족들의 신상 털기에 혈안이 되어 국민들의 정치와 선거에 대한 혐오감이 날로 커지고 있어 걱정이 아닐 수 없다.

필자는 이런 안타까운 마음으로 3월 9일 치러지는 제20대 대통령선거가 국민들에게 꿈과 희망을 주는 행복한 축제가 되기를 소망하며 다음 몇 가지 제안을 하고자 한다.

첫째, 극단의 정치가 사라지는 선거가 되어야 한다. 이기면 다 갖고 지면 다 잃는 제왕적 대통령제가 문제이다. 따라서 이런 근본적인 문제들을 해결하기 위해서는 권한을 나누고, 책임을 나누는 권력구조 개편과 분권형 개헌에 대한 논의가 있어야 하고, 각당 후보들은 확실한 입장을 밝혀줘야 한다.

둘째, 국가의 미래비전을 제시하는 선거가 되어야 한다. 요즘 후보들이 내 놓는 공약들을 보면 대통령을 뽑는 선거인지 지방자치단체장을 뽑는 선거인지 분간이 되질 않는다. 미래는 없고 오로지 과거와 현실만 존재하는 행태와 공약들로 국민들을 호도하고 있다. 우리는 지금 초연결성과 초지능화로 일컬어지는 4차산업혁명시대에 살고 있다. 1분 1초가 아까운 시기이다. 대선은 현재보다는 미래를 논하는 자리임을 망각해서는 안 된다.

셋째, 지역주의를 조장하는 태도를 삼가야 한다. 여기서는 이 말하고, 저기서는 저 말하고, 이곳에서 이 공약하고, 저기서는 저 공약하고, 오로지 지역감정을 부추겨 표만 얻겠다는 심산인 경우가 허다하다. 큰 틀에서, 그 지역의 특성을 살펴서 그에 맞는 말과 공약을 해야 한다. 3김 시대 이후 사라진 지역주의 망령을 다시 소환하지 말아야 한다.

넷째, 수도권집중화와 지역소멸에 대한 답을 줘야한다. 현재 전체 국토 면적의 11.8%에 그치는 수도권에 국내 인구의 50%를 돌파했고, 대기업, 금융, 대학 등 주요지표들의 상위 70~80%정도가 그곳에 몰려있다. 이런 현상으로 무려 108개의 지자체가 인구 감소에 따른 소멸 위험 대상에 올라있다. 유럽 강소국들처럼 수도권 일극체제를 전국 다극체제로 국가 경쟁력을 확보할 수 있도록 균형발전과 상생을 위한 다양한 방안들을 내 놓아야 한다.

마지막으로 이번 대선은 국민이 참여하는 축제의 장이 되어야 한다. 이를 위해서는 각자가 노력해야 하는데, 후보들은 네거티브 선거전략보다는 매니페스토 정책선거를, 방송언론에서는 편파・불공정 보도・기사를 자제하고 국민들이 올바른 판단을 할 수 있도록 균형잡힌 입장으로, 유권자들은 각 선거캠프가 만든 프레임에 사로잡혀 정당들의 싸움꾼이 되기보다는 나의 미래, 내가 어떻게 살 것인가를 선택하는 자세로 신중한 투표행위를 보여야 할 것이다. 그래야 우리에게 밝은 미래가 있고, 국민 모두가 행복한 시대를 맞이할 수 있을 것 같다.

2022. 2. 14. 충청투데이, 투데이 기고

유권자의 날, 책임정치를 생각한다.

2012년 중앙선거관리위원회는 선거의 중요성을 알리고 투표참여를 독려하기 위해 5월 10일을 "유권자의 날"로 제정하여 시행하였다. 5월 10일을 특정한 이유는 우리나라에서 최초로 민주적인 선거(1948.5.10 국회의원 총선거)가 실시된 날이기 때문에 이를 기념하기 위함 이었다. 2021년, 올해가 그 시행 10주년이 되는 뜻깊은 해이다.

그동안 중앙선관위와 지방선관위에서는 이날을 기념하고 유권자들의 책임의식과 참여의 중요성을 고취시키기 위해 정책토론회, 기념마라톤대회, UCC공모전, 선거콘서트, 열린음악회 등 다양한 사업을 전개해 왔다.

유권자의 가치가 얼마나 소중하기에 국가적으로 기념일을 제정하고 매년 많은 예산과 인력을 투입하여 다양한 이벤트들을 행하는 것일까? 지난해 행정안전부가 향후 4년간의 국회 심의 예산을 유권자 수로 나눠서 유권자 1인 투표에 대한 가치를 계산해 본 결과 무려 "4,700만원"이라는 답을 얻었다. 국내 직장인 평균 연봉이 3,744만원(2019년 국세청기준)인 것을 감안하면 정말 큰 금액이다.

여기에 여러 원인으로 거의 매년 실시되는 재보궐선거 비용을 생각하면 그 중요성은 더 클 것이다. 올해 치러진 4.7재보궐선거만해도 중앙선거관리위원회가 국회에 제출한 '4.7 재보궐선거에 필요한 예산' 자료에 따르면 서울시, 부산시 등 광역자치단체장 등 전국 19개 자치단체와 지방의회 재보궐선거 비용은 932억 900만원인 것으로 집계됐다.

올해만 보더라도 대부분의 선거가 전임자들의 개인적인 일탈(성범죄 등)이 원인이지만 그 비용은 오롯이 국민들의 피같은 세금으로 충당된 것이다. 여기에는 행위유발자도 빠져있고, 정당도 빠져있고, 그 책임은 오로지 그들을 선택한 유권자들의 몫이라는 것이다.

"정당 정치란 무엇인가?" 다양한 정의가 가능하겠지만 필자는 "책임정치" 라고 생각한다. 그렇기에 결성된 정당으로 승리하여 권력도 가질 수 있고, 자리도 나눌 수 있지만, 그것으로 인해 발생하는 책임도 분명히 지어야 한다고 본다. 만약에 그것을 책임질 수 없는 정당이고 시스템이라면 그 제도는 반듯이 혁파되어야 할 것이다.

분명 우리의 정치는 바뀌어야 한다. 책임의 정치로 바뀌어야 한다. 그러기 위해선 개헌도 필요하고 관련법 개정도 필요하다. 물론 여와 야, 논의 시기, 대상의 유불리에 따라 입장은 다르고 접근방법도 다르겠지만 지금은 유권자가 주가 되고, 책임정치를 실현할 수 있는 방향으로 나아가야 한다.

필자가 앞에서 제시한 "정당정치=책임정치" 라는 공식이 작동되기 위해서는 정당의 역사(수명)가 필수요건이다. 그러나 우리나라 정당의 평균수명이 3~4년을 넘지 못한 것으로 파악된다. 각종 선거주기가 4~5년임을 감안하면 우리나라 정당은 애당초 책임정치를 구현할 수 없는 것이었다.

따라서 선거에서 후보자를 공천하여 출마시키기 위해서는 일정한 기간의 역사가 있는 정당에 한하여 참여할 수 있도록 하고, 잘못된 공천으로 발생되는 모든 책임은 전적으로 정당이 질 수 있게 하는 법 개정이 필요하다.

지금과 같이 국고보조금만 먹고 튀는 먹튀정당, 재보궐선거의 원인제공이 분명한데도 다시 후보자를 공천을 하는 뻔뻔정당, 선거때만 되면 이합집산하여 당을 리모델링하는 인테리어정당, 이제 이런 것들이 유권자의 이름으로 처단되는 그날이 빨리 왔으면 좋겠다.

오늘아침 뉴스에서 내년 선거를 앞두고 또 정당들의 이합집산이 진행되고 있다는 소식을 접한다. 창당된지 채 1년도 안된 것 같은데 말이다... 우리나라에 민주정치, 정당정치(책임정치)의 꽃은 언제나 필 것인가?

2021. 5. 9. 중도일보 기고

대전7030과 정치시스템의 재설계

2019년은 대전시 출범 70주년, 광역시 승격 30주년이 되는 '7030'의 아주 뜻깊은 해다. 즉 대전은 1949년 8월 15일 대한민국 정부 수립 1주년에 맞춰 부제(府制)에서 시제(市制)로 개편됨에 따라 대전시가 됐고, 1989년 1월 1일 지방행정구역 개편에 따라 서해안 개발시대를 맞아 중부권의 중추기능을 수행하는 성장거점도시로서의 구실을 담당하기 위해 직할시로 승격됐다. 1995년 민선자치 실시에 따라 대전광역시로 개칭되면서 충청남도의 도청 소재지에서 중부지방의 중핵도시로 눈부신 발전을 이루며 대표적인 행정도시로 자리매김했다.

대전의 정치적 특성을 분석해 보면, 대통령 선거(14~19대)에서는 대전지역에서 선택한 후보가 모두 대통령에 당선됐으나 2위 후보와의 득표율 차이가 20%포인트 이상 나는 경우가 19대 문재인 대통령을 제외하고는 없으며 표가 골고루 분포됐음을 확인할 수 있다. 일명 '캐스팅보트(Casting Vote)'의 역할을 했다고 볼 수 있는 것이다.

그런 반면에 역대 대전시장의 경우는 민선 제7대 허태정 시장을 제외한 제1~6대는 집권여당의 후보를 선택하지 않고 야당 후보를 선택했었다. 이 같은 결과는 민선자치 이후 대전이 주요 국책사업에서 번번이 고배를 마시는 결과와 무관해 보이지 않는다.

국회의원 선거의 경우는 지역정당이 활발했던 시기(1996년 15대 총선-자유민주연합, 2008년 18대 총선-자유선진당)와 대통령 탄핵 시도로 온 나라가 혼란스러웠던 2004년 17대 총선(열린우리당)에는 한 정당이 싹쓸이 승리하는 결과를 가져왔다. 그 이후 19대 총선(2012년), 20대 총선(2016년)에서는 신도심(서구 · 유성구)은 진보정당이, 구도심(동구 · 중구 · 대덕구)은 보수정당에서 승리하는 양상을 보여 축소된 영 · 호남을 보는 듯하다.

대전의 지역정당 역사를 살펴보면,1995년 창당되고 2006년 해산된 김종필 중심의 자유민주연합(15대 50석, 16대 17석, 17대 4석), 2006년 창당되고 2008년 해산된 심대평 중심의 국민중심당(2007년 6석), 2008년 창당되고 2012년 해산된 이인제 · 이회창 중심의 자유선진당(18대 18석, 19대 5석), 2010년 창당되고 2011년 해산된 심대평 중심의 국민중심연합 등이 있다. 실질적으로 영향력이 커 캐스팅보트의 역할을 했던 자민련과 선진당 이후 충청권을 대변하는 정당은 없다고 볼 수 있다.

이렇듯 대전지역의 정치를 한마디로 평가하기는 쉽지 않다. 그러나 필자가 이곳에 십수년 간 살면서 느꼈던 것은 '지역에 어른이 안 계신다는 것' 이다. 나름 중앙무대에서 힘을 쓰는 인물들도 있었지만, 개인적이었지 지역을 대표하는 우리들의 지도자는 아니었다는 생각이 든다. 지금도 그렇다. 대전시로 범위를 좁혀보면 '이전투구(泥田鬪狗)' 라는 말로 평가할 수 있을 것이다. 특히 전 · 현직 시장들 간의 그러한 현상은 지역 발전을 정체시키는 중요한 요인으로 작용했다고 판단된다.

하루아침에 계시지 않는 어른을 찾을 수는 없는 법이다. 오랜 시간 고착된 증오와 갈등이 풀릴 일도 만무하다. 어찌 보면 물과 기름처럼 섞이지 못한 과학도시, 머물러 같이 어울려 사는 공동체가 아닌 흘러가는 교통도시, 실속 없이 체면만 차리는 양반도시의 운명일 수도 있을 것이다.

그러나 이제는 변해야 산다. 관점을 달리 해야 한다. 언제까지 신세한탄만 할 수는 없는 일이다. 지난 7030의 역사 속에서 우리만의 약점보다는 강점을 찾아 대전형 정치모델을 만들어야 한다. 과학적이고, 소통하고, 품격 있는 대전정신으로 역동적이고 활력 있는 도시로 만들어야 한다. 4차 산업혁명의 최적화 도시 대전, 이젠 시대정신으로, 시스템으로 도시를 재설계할 때라고 본다. 이것이 민선 7기 대전의 역할이다.

미래정치 아카데미

요즈음 정치아카데미가 붐이다. 정당은 정당별로, 대학과 언론사는 공동으로 주최하고 있다. 이 같은 현상은 우리지역 뿐만 아니라 전국적인 추세다. 정치교육의 장이 많다는 것은 매우 바람직한 것이다. 특히 우리나라의 정치수준을 감안할 때 그 필요성은 더욱 크다고 할 것이다. 교육의 성과는 반복에서 나오는 것이다. 일회성으로 끝나는 교육보다는 주기적으로 반복되는 교육의 효과는 마치 낙수(水)가 바위는 뚫는 것처럼 불가능을 가능케 할 것이다. 따라서 정치에 대한 반복적인 교육만이 영원히 변하지 않을 것 같은 우리의 정치문화와 정치수준을 바꿀 수 있다.

그동안 필자는 지방자치를 연구하고 강의하면서 또한 지역 NGO와 지역 언론에 참여하면서 지방자치와 지방정치의 현실을 분석평가 하여 나름대로 최적의 대안을 글과 말을 통해 제안해 왔다. 필자뿐만 아니라 지역의 많은 학자들과 구성원들이 지방자치와 지방정치의 발전을 위해서 부단한 노력들을 하고 있다고 생각한다.

그러나 지방자치가 부활 된지 어언 20여년이 다되어 가지만, 지난 1년여 동안 대전시의회의 추태를 보아왔듯 우리의 지방자치와 정치현실은 암담하기 그지없다. 아직 정치참여자들의 수준은 제자리를 면치 못하고 있으며, 지방정치인들의 도덕적해이가 도를 넘고 있기 때문이다. 더욱이 지역 국회의원과 정당들은 바른 정치인을 양성하기 위한 시스템 마련보다는 공천을 미끼로 공천헌금 등을 요구하는 등 총체적인 문제점을 안고 있는 것이 사실이다.

따라서 필자가 원장으로 재직하고 있는 (사)한국공공행정연구원과 중도일보는 현 지방자치의 문제점을 개선하고 건전한 지역정치인의 양성을 위해 장기적인 비전을 가지고 제1회 미래정치아카데미를 마련하였다. 대학에 몸담고 있는 학자의 입장에서 너무 현실에 깊이 뛰어드는 것 같아 걱정은 된다. 하지만 얼마 전 고인이 되신 김대중 전 대통령의 마지막 연설 내용인 "행동하는 양심이 됩시다. 행동하지 않는 양심은 악의 편입니다" 라는 말에 힘과 용기를 얻어 실행하게 되었다.

지역공공기관이 주도하는 정치아카데미는 공평성과 지역성이 매우 중요하다. 따라서 본 프로그램에서는 각 정당을 대표하는 지역출신의 정치인들과 지방자치의 성공사례인 함평 이석형 군수, 그리고 국내 인상학 1호박사인 주선희 교수, 대전대 이창기 교수, 윤치영 스피치아카데미 원장, 박정현 대전충남녹색연합 사무처장 등 학계와 자치단체장, 시민단체의 명망가들이 대거 참여한다.

특히 대천 환상의 바다 리조트에서 1박 2일로 진행될 워크숍에는 중앙과 지방에서 왕성하게 활동하고 있는 정치평론가인 김민 전 경희대 교수, 박광기 대전대 교수, 권선필 목원대 교수, KBS 박성준 아나운서 등과 대전선거관리위원회 법률자문팀, 그리고 수강생들이 함께하는 끝장토론 워크숍은 참여자들의 궁금증을 시원하게 풀어줄 수 있는 실질적인 토론의 장이 될 것으로 기대한다.

요즘 지방이 많은 홀대를 받고 있다. 각종 국책사업은 말할 것도 없고, 작은 SOC 관련 사업하나도 쉽지 않다보니 뭐 하나 속 시원하게 해결되는 것이 없다. 특히 대전시 같은 경우 도전하는 국책사업마다 유치실패로 지역민들의 실망감이 이만 저만이 아니다. 정말 답답한 지금의 현실에서 어느 누구하나 앞에 나서 속 시원하게 해결해 줄 수 있는 인물이나 정당이 없다는 것이 우리를 더욱 슬프게 한다.

브라질에 있는 나비의 날갯짓이 미국 텍사스에 토네이도를 발생시킬 수도 있다는 나비효과처럼 제1회 미래정치아카테미가 우리지역의 새로운 정치문화의 창달과 지역 소외론으로 절망에 빠져있는 지역을 구할 수 있는 역량 있는 인재들을 양성하는 날갯짓이 되길 간절히 희망한다.

2009. 8. 28. 중도일보 금요논단

정치입문의 7가지 조건

선거의 계절이 돌아왔다. 내년 6월 2일 지방 동시선거일까지 8개월 남짓 남았지만 벌써 열기가 대단하다. 언론에서는 각종 여론조사결과를 바탕으로 '선거구도'를 분석하고 있고, 예비후보들은 '정국의 흐름'을 예의주시하면서 물밑 선거전을 이미 치르고 있다.

특히 이번 선거는 정치신인들이 대거 전면에 나설 것이라는 예상이다. 각종 정치아카데미의 성황에서 볼 수 있듯이 민선 자치 5기는 제대로 된 '지방정치가 필요하다.'라는 공감대가 확산해 있다는 것이다. 시민과 충청인 모두가 지방정치의 변화와 새로운 생활정치가 필요하다는 인식을 반영하는 선거가 될 것임은 분명하다.

뭔가를 시작한다는 것, 입문한다는 것은 쉬운 일이 아니다. 신중을 기해야 한다. 특히 '정치판'에 잘못 기웃거리면 패가망신한다는 것은 엄연한 진리다. 필자는 그동안 정치평론가로 활동하면서 정치인들의 흥망성쇠를 자주 지켜봐 왔다. 그리고 어떤 사람이 정치에 입문해야 하는지에 대한 많은 고민을 했었다. 정리해 보면 무엇보다 정치 새내기는 다음과 같은 조건을 충족하는 사람이 되었으면 좋겠다.

첫째, 목표의식이 뚜렷한 사람. 내가 어떤 '정치'를 하고자 하는지, 어떤 '정치인'이 되고자 하는지에 대한 신념과 의지가 확고해야 한다. 기성 정치인들이 하는 것을 보니까 답답해서, 시원찮아서 나서보겠다는 즉흥적인, 감정적인 발상은 정말 위험하다. 내가 국가와 지역사회 그리고 국민과 시민을 위해서 무엇을 할 수 있고, 또한 뭘 할 것인가에 대한 확고한 비전(vision)과 목표가 반드시 있어야 한다.

둘째, 열정과 자신감이 넘치는 사람. 대표선수의 태도는 국민에게 큰 감동을 주기도하고 실망을 안겨주기도 한다. 열심히 뛰었을 때는 승패와 상관없이 박수를 보내지만 최선을 다하지도 않고 패배했다면 국민에게 큰 실망감을 안겨주고 지탄의 대상이 되는 것처럼, 우리 국민은 열정과 자신감으로 최선을 다하는 정치인을 원한다.

셋째, 전문성을 갖춘 사람. 특히 지금까지 파행으로 얼룩진 지방의회의 경우 절실한 문제가 아닐 수 없다. 필자가 얼마 전에 충청지역 전문가들을 대상으로 조사한 내용을 보면 현 지방의회의 가장 큰 문제로 전문성 결여를 꼽고 있다. 좋은 사람, 착한 사람보다는 전문영역에서 경력을 쌓은 '직업 정치인'이 아닌 '전문 정치인'의 진출을 기다리고 있다.

넷째, 봉사정신이 투철한 사람. 정치란 남이 가진 것을 뺏는 것이 아니고, 내가 가진 것을 나누는 것이다. 그것이 지적(知的)일 수도 있고, 물질적일 수도 있고, 정신적일 수도 있다. 지역과 국가를 위해 나의 자산을 베풀며 봉사와 헌신할 인물상이 올바른 정치인상이다.

다섯째, 도덕적으로 깨끗한 사람. 뭐 묻은 개가 뭐 묻은 개를 나무랄 수 없는 것처럼, 자신이 부도덕한데 남에게 이래라저래라 할 수는 없다. 경험적으로 봤을 때, 고양이 앞에 생선을 맡기는 격인 대리인 문제가 발생하는 근본 원인은 정치인들의 부도덕에 기인한다고 볼 수 있다. 정치는 '권위적인 배분이다.' 라는 정의처럼 수많은 유혹이 따르기 때문에 더욱 그렇다. 노블레스 오블리주처럼 지도자의 도덕적 의무는 필수적인 '덕목' 이다.

여섯째, 소통할 수 있는 사람. 정치는 혼자 하는 것이 아니다. 이 말은 머리(똑똑함)보다는 가슴(따뜻함)으로 나와 다른 '소수 의견' 과 '정파' 는 물론 '정적' 까지도 '관점' 이 무엇이 다른지 이해하고 소통하려는 배려가 우선이다. 실제 정치현장에서 파행의 근본원인은 구성원들의 소통에 필요한 기본적인 자세와 능력이 부족함에서 오는 것이 대부분이다. 개인과 정파(政派)보다는 집단과 대의(大義)가 큰 것을 이룰 수 있다.

일곱째, 섬김의 리더십이 있는 사람. 섬김의 리더십은 전 세계 100대 기업의 1/3 이상이 채택하고 있는 기본철학이다. 섬김은 수단이 아니라 목적이고, 섬김은 형식이 아니라 본질이 돼야 한다. 어쩌면 앞서 말한 여섯 가지 모두를 아우르는 개념이 될 수도 있다. 크고자 하거든 남을 섬기라(慾爲大者 當爲人役)는 말이 있다. 자신을 낮출 때 남을 높일 수 있고, 내 것을 버릴 때 공공의 이익을 창출할 수 있다.

물론 이상의 7가지 조건을 다 갖춘다는 것은 신(神)이 아닌 이상 어려운 것이다. 그러나 내가 정치를 시작해도 되느냐 아니냐는 판단의 기준은 될 것이다. 내년 6·2선거는 민선 4기까지 지지부진한 지방정치의 '변화와 개혁' 을 일으키는 선거가 될 것이다. 때문에 무엇보다 후보군에 대한 가혹한 인물검증이 예상된다. 최종적인 선택은 본인의 판단에 맡길 수밖에 없다. 왜냐하면, 나를 제일 잘 아는 사람이 나 자신이기 때문이다. 심사숙고(深思熟考)해 현명한 선택을 하길 바란다.

2009. 10. 16. 중도일보 금요논단

국회의원들에 대한 평가는 반드시 필요하다

최근 배재대 자치여론연구소에서 조사 발표한 18대 대전지역 국회의원 의정활동평가 결과가 지역사회에서 큰 이슈로 대두되고 있다. 지역의 오피니언리더라 할 수 있는 공무원, 언론, NGO실무자들을 대상으로 한 조사연구이기에 그 반향이 더 크게 나타난 것 같다.

원래 평가는 사물의 가치나 수준을 파악하고 이해하는 고도의 지적능력의 활동이라고 할 수 있다. 여기에는 정치·사회·경제적 가치를 모두 수반하는 것으로 의사결정의 합리성으로 요약될 수 있다. 이런 관점에서 국회의원 평가는 정치 주체인 지역주민들에게 합리적 의사결정을 수행할 수 있는 근거로써 큰 의의를 갖으며, 이를 통해 신뢰를 바탕으로 한 선진화된 정치문화로의 발전이 가능해진다.

필자는 이러한 문제의식을 바탕으로 대전지역 국회의원들의 의정활동에 대한 평가를 공약실천, 의정활동, 지역발전기여도, 지역주민들의 의견수렴 등의 차원에 대한 오피니언들의 인식도를 조사하고 평가하였다. 평가결과에 대한 발표가 있은 후에 얼마 되지 않아 상대적으로 낮은 평가를 받은 국회의원 측으로부터 인신공격과 같은 질책과 야유를 받았는데 여기서 제기된 몇 가지를 소개해 볼 필요성이 있을 것 같다. 왜냐하면, 평가대상 국회의원들의 질책과 야유를 참고하여 수정하고,

다시 적용해야 하는 것이 민주주의 사회이기 때문이다. 이 역시 우리 모두가 알아야 할 정보라는 것이다.

첫째는 평가대상자에 대한 논쟁이다. 이 연구는 공무원, 언론사 기자, 시민단체 활동가를 대상으로 했으므로 표본의 대표성이 없다는 것이 그들의 주장이었다. 이러한 주장 역시 일면 타당할 수도 있겠지만, 연구자의 생각은 다르다. 예를 들어 우리 주변을 둘러보면, 프로야구 골든글러브상, 월드컵 등에서 기자단 투표를 통해 MVP를 정하는 것이 대표적인 것이다. 이것은 일반 팬보다 상대적으로 그들에 대한 많은 정보를 가지고 있으므로 그들의 판단이 나름 합리성을 가지고 있기 때문이다. 이러한 관점에서 오피니언리더들의 의견수렴이 많은 부분에서 의미가 있다고 판단하였다.

둘째는 평가결과의 수용여부이다. 낮은 평가를 받은 의원들은 자신들의 의정활동을 이 사람들이 무엇을 알고 평가했는가에 대한 반발이다. 이렇게 반발하는 의원들의 행태를 보면서 필자는 이 연구가 꼭 필요하다는 것을 다시 생각하게 되었다. 지역 국회의원들은 본질적으로 지역주민들이 자신들의 권리를 행사하여 그들에게 권위를 부여해준 것이다. 따라서 의정활동과 관련하여 보다 많은 정보를 지역주민들에게 제공해야 하는 본질적 의무가 있음에도 이를 망각한 것으로 판단하며 경종을 울려줄 필요가 있다는 생각이다.

셋째는 같은 맥락에서 평가결과의 점수 차이가 근소함에도 불구하고 평가결과를 발표했다는 것에 대한 불만이다. 이는 자신의 평가결과가 낮은 것에 대한 투덜거림일 뿐이다. 예를 들어 피겨스케이팅을 한번 보면, 김연아 선수를 비롯하여 많은 피겨스케이팅 선수들이 순위를 결정함에 있어 많은 점수 차이가 나지 않는다. 왜냐하면, 같은 직업군에 속해 있고 같은 일에 종사하기 때문이다. 국회의원도 마찬가지이다.

이상의 과정을 통해 우리는 아주 중요한 교훈을 얻을 수 있었다. 첫째는 평가결과에 국회의원들이 민감한 반응을 보였다는 것이다. 둘째는 지역 국회의원들이 제기하는 불만은 다음 평가가 더욱 질적으로 발전하기 위한 기회를 제공했다는 점이다. 이러한 일련의 과정들을 통해 필자는 보다 확고한 신념을 가질 수 있었다. 바로 국회의원 평가의 전국적 확대이다. 시간과 비용이 많이 필요하다면, 우선적으로 지역 오피니언리더들을 대상으로라도 점차적으로 확대해볼 필요성이 있다. "낙수물 한 방울이 지속되면 돌을 뚫는다" 는 교훈이 있다. 이러한 평가와 결과의 사회적 피드백은 장기적으로는 정치인의 신뢰를 높일 수 있으며, 정치문화 발전을 위한 중요한 출발점이 될 수 있을 것이라 확신한다.

기초지방선거 정당공천제 문제 있다

2010년 6월 2일 치러질 제5회 지방선거를 앞두고 기초지방선거 정당공천폐지운동이 가열되고 있다. 최근 시민단체와 전국시장군수구청장협의회, 전국시군구의회의장협의회 등은 기초지방선거 정당공천폐지를 위한 국민운동본부를 결성하고 1000만명 서명운동을 벌이고 있다. 문제는 정당공천을 받고 당선된 당사자들을 중심으로 이런 운동을 벌이고 있다는데 문제의 심각성이 있다.

정당공천제는 정당이 민의의 수렴과 정책반영이라는 기능에 충실하고 중앙정치와 지방정치를 연계해 정치의 효율성을 확대하기 위한 제도이다. 특히 이제도를 통하여 책임정치의 구현, 공직후보자에 대한 사전검증절차 확대, 정당정치의 발전이라는 순기능을 기대한다.

그러나 2006년 5.31지방선거부터 전면적으로 도입된 기초지방선거 정당공천제는 이러한 순기능을 발현하지 못하고 오히려 역기능만 부각되고 있어 안타깝기 그지없다. 정당은 바른 후보를 고르기보다는 공천헌금에 관심이 있고, 중앙정치인은 지방정치인에 대한 조언보다는 부당한 압력을 행사하고, 지방정치인은 주민의 이익보다는 당리당략에 의한 의정활동을 펼치고 있어 정당공천이 지방정치인의 자질향상과 책임정치라는 본래의 목적과 많은 괴리현상을 보이고 있는 것이 사실이다.

정당공천제는 절대선(善)도 절대악(惡)도 아니다. 유럽의 나라들과 같이 정체성과 이념이 확실하고, 풀뿌리에 기반한 정당정치가 발전한 사회에서는 이제도가 장점이 크지만 대부분의 동양지역에서처럼 중앙집권사회의 전통, 정당의 비민주성, 지역주의 투표성향이 발달한 나라에서는 단점이 크게 부각된다고 볼 수 있다. 이런 이유 때문에 필자의 정당공천제와 관련한 입장은 원론적으로는 찬성하지만 현실적으론 꼭 폐지되어야 한다고 본다. 그리고 폐지와 더불어 다음 몇 가지의 개선안이 논의되어 지방자치의 효율성을 높일 필요가 있다.

첫째, 정당공천제 도입 전에도 문제가 되었던 기초자치단체장과 의원후보자에 대한 정당내천을 금지하고, 후보자는 당 경력표방과 정당가입을 금지하여 정당의 지방자치개입을 원천적으로 차단할 필요가 있다.

둘째, 선거구제는 농촌지역과 도시지역으로 구분하여 탄력적으로 적용할 필요가 있다. 지역구분이 없는 도시지역의 중선구제는 규정을 강화하여 4인 선거구제를 기본으로 하고 지역의 특색에 따라 3-5인 선거제를 도입할 필요가 있다. 농촌지역의 경우는 지역경계가 확실하고 이에 따라 소지역주의에 의한 지역 간 대결구도의 심화문제 등을 개선하기 위해서 면단위 소선거구제로의 전환을 고려할 필요가 있다.

셋째, 정당공천제가 폐지되면 비례대표가 자동적으로 없어져 사회적 약자들, 특히 여성들의 의회진출이 현실적으로 어려울 수가 있다. 능력있는 여성의 의회진출을 위해서는 여성전용선거구제 등을 생각해 볼 수 있으나 이는 유권자의 선택권문제와 직결되기 때문에 중선거구제를 중심으로 선거구별 남녀동반선거구제를 만들어 한 선거구에 최소 30%

이상은 의회에 진출할 수 있도록 해야 할 것이다.

넷째, 정당공천을 하는 광역과 그렇지 않은 기초지방선거를 동시에 하게 되면 우리나라 국민들의 투표행태를 봤을 때 유력후보 또는 지역정당과 기호가 같은 후보에 대해 줄 투표현상이 나타나 능력과 무관하게 당선되는 경우가 많을 것으로 예상된다. 따라서 이에 대한 대책이 필요한데, 광역·기초 모두 추첨제를 도입하는 것도 하나의 방안이 될 것이다.

물론, 정당공천제폐지는 쉽지 않은 일이다. 이것의 키를 쥐고 있는 곳이 국회인데 지난 총선에서 이제도의 단맛을 톡톡히 본 국회의원들이 찬성할 리 만무하기 때문이다. 그러나 이 제도의 폐지당위성에 대한 국민적 공감대는 충분히 형성되고 있다고 본다. 대부분의 여론조사 결과도 그렇고, 지난 몇 년간의 실태를 봐도 우리현실에는 잘 맞지 않는 길이라는 생각이 든다. 맞지 않는 길은 간만큼 손해라는 말이 있다. 지금이 되돌릴 적기이다.

2009. 3. 20. 중도일보 금요논단

정치인 출판기념회의 의미

대전에선 요즘, 내년 지방선거를 앞두고 예비주자들의 출판기념회가 성황을 이루고 있다. 지난 23일 염홍철 전 대전시장에 이어 26일에는 육동일 충남대 교수의 출판기념회가 열렸고, 30일에는 박성효 현 대전시장의 출판기념회가 예정돼 있다. 공교롭게도 이들은 모두 내년 6·2지방선거에서 대전시장에 출마할 예정자들이어서 세간의 관심이 높다.

염홍철 전 시장은 보통 정치인들이 출판하는 책과는 다른 장르인 『한걸음 또 한걸음』 이라는 시집을 가지고 5000여 명이 넘는 축하객이 참여한 가운데 출판기념회를 마쳤고, 언론은 이를 내년 지방선거를 위한 출정식이었다고 평가하고 있다.

육동일 교수는 그동안 지역 지방자치 학자로서 기고한 칼럼들을 모아서 『육동일과 함께 지방자치의 길을 찾다』 라는 칼럼집을 내고, 그동안 지역 내에서의 활동을 돌아보면서 앞으로의 역할에 대한 입장을 밝히는 자리를 마련했다.

다음 주로 예정된 박성효 대전시장은 빈곤지역 도시재생 사업인 무지개 프로젝트와 관련한 다양한 이야기들을 담은 책 『무지개 프로젝트』 를 펴내면서 내년 지방선거에 대한 재선 의지를 밝힐 예정이다.

이러한 정치인들의 출판기념회는 내년 6·2지방선거의 법정 시한(선거일 전 90일)인 내년 2월 말까지는 계속 이어질 전망이며 전국적으로도 러시를 이룰 것으로 보인다.

사전적 의미에서 출판기념회는 "저작물이 처음 출판되었을 때에 그것을 축하하기 위해 베푸는 모임"이라고 되어 있다. 그러나 요즘 우리 지역에서 정치인들이 여는 출판기념회는 사전적 뜻 이외에 다양한 의미를 내포하고 있다.

첫째, 개인 홍보의 의미를 들 수 있다. 거금을 들여 출판기념회를 여는 첫 번째 이유는 무엇보다도 자신의 존재가치를 알리는 홍보를 통하여 대중적 인지도와 함께 정치적 입지를 넓히려는 목적이 있다. 정치신인이나 지난 선거에서 낙선하여 재기를 준비하는 사람들의 입장에선 유용하게 이용된다.

둘째, 선거출정식의 의미가 있다. 베스트셀러 작가도 아닌 개인 출판기념회에 수천 명의 사람들이 참석한다는 것은 상식적인 일이 아니다. 정치적인 세(勢) 과시라고 밖에 해석할 수가 없다. 이미 내년 선거는 시작됐고, 이러한 행사를 계기로 자연스럽게 출마의 의지를 밖으로 확실하게 표명하는 것이다.

셋째, 합법적인 정치후원금 모금의 의미가 있다. 요즘 선거법이 워낙 엄하게 적용되다 보니 선거자금을 마련하기가 쉽지 않다. 물론 책을 팔아서 얼마나 많은 자금을 마련할 수 있을지 모르지만 현 시점에선 가장 합법적으로 정치자금을 모을 수 있는 방법 중의 하나이기에 출마를 꿈꾸는 예비후보자들이 자주 이용한다.

넷째, 지적이미지 각인의 의미가 있다. 사람은 누구나 타인에게 지적으로 보이고 싶은 욕망이 있다. 책을 출간한다는 것은 그런 욕구를 충족시켜 주는 효율적인 방법이다. 정치인으로서 갖는 부정적인 이미지를 책을 통해 벗어버리고픈 심정과 실천은 어찌 보면 당연한 일일 것이다. 그러나 이런 출판기념회가 꼭 당사자들에세 득이 되는가는 짚어볼 필요가 있다. 왜냐하면, 같은 기간에 열리는 행사는 책 내용의 질, 판매 부수, 참여인원, 참여인사들의 중량감, 언론의 관심도 등의 평가가 반드시 뒤따르기 때문이다. 벌써 언론에선 예민하게 반응하여 상대적으로 손해를 보는 경우가 있는 것 같다. 이렇듯 오히려 이것을 하지 않느니만 못하는 경우가 발생할 수 있기 때문에 신중하게 생각하고 현명하게 행동하는 것이 중요하다.

바야흐로 선거의 계절이다. 정치(예비)인들의 출판기념회가 한창이다. 진심으로 축하해주고 싶다. 그런데 마음 한구석이 개운치 않은 것은 무슨 이유에서 일까? 어쨌든 기념행사를 통하여 본인들이 소망하는 모든 것들과 지역민들의 마음을 잘 읽을 수 있는 소중한 계기가 되길 축원해 본다.

2009. 11. 27. 중도일보 금요논단

바른 후보자 고르기

내일이 대한민국 제18대 국회의원을 뽑는 선거일이다. 그런데 아직도 많은 사람들은 관심이 없다. 아마도 공천과정과 선거과정에서 보여준 정당과 후보들의 실망스러운 행태 때문이라 생각된다.

공천과정에는 국민 참여 없이 정당과 후보자만 날뛰는 무원칙·계파놀음 판이었다. 공천에서 탈락한 이들은 아무런 거리낌 없이 그동안 몸담았던 정당을 탈당해 손짓하는 곳이면 어디든 달려갔다. 세상에서 처음 있는 모모연대라는 특정인을 지칭하는 당이 태어났다. 그런데 더 중요한 것은 정작 모모씨는 모당에 머물면서 "저도 속았고 국민도 속았습니다. 살아서 돌아와 달라" 고 말하고 있고, 정당의 목적이 "살아서 복당하는 것" 이라고 한다. 또 어떤 지역에선 후보자가 본인을 선택하지 못하고 타 지역에서 투표해야 하는 일이 발생하고 있다.

필자는 지금 "정치는 코미디보다 더 웃긴다! 코미디 잘 배우고 갑니다" 라고 했던 故이주일의원(코미디언) 생각이 난다. 코미디도 이런 코미디는 없다. 차라리 이번 선거가 코미디언 콘테스트 이었으면 좋겠다. 아무것도 볼 것 없이 잘 웃긴 사람만 뽑으면 되니까 말이다.

그러나 이번 선거는 엄연히 우리나라 제18대 국회를 이끌어갈 국회의원을 뽑는 선거이다. 국회의원은 국가의 법을 제정하고, 국민을 대신하여 행정부를 감시하고, 국가의 살림살이인 예산을 심의, 확정한다. 그리고 국가와 사회, 정부와 국민을 연결시키는 대표 기능을 수행한다. 따라서 이에 적합한 인물이 누구인지 꼼꼼히 따져 투표해야 할 것이다.

필자가 최근 지역공무원들을 대상으로 한 설문조사에서 우리지역을 대표하는 국회의원상(像)으로 대다수가 전문성과 도덕성을 지닌 후보라고 응답하고 있다. 지역구 국회의원을 가장 잘 판단할 수 있는 공무원집단의 선택이기에 우리에게 주는 의미가 크다. 필자도 전적으로 동감한다. 그러나 전문성과 도덕성을 지닌 사람을 어떻게 고르느냐가 관건이다. 전문성의 판단기준은 국회의원 본연의 업무(법, 행정, 예산)와 후보자의 현직이나 과거 경력을 비교하면 쉽게 판단할 수 있을 것이다. 또한 도덕성은 과거 후보자의 전과경력, 불법부동산투기, 그리고 당적변경사항 등으로 판단이 가능 할 것으로 생각된다. 이와 더불어 이번 선거는 지역을 대표하는 일꾼을 선발하는 선거이니 만큼 지역의 현실과 문제점 그리고 나아가야 할 방향에 대하여 잘 아는 후보를 선택하는 것이 중요하다. 아마도 이것은 후보자의 공약을 검토하면 잘 알 수 있을 것이라 판단된다.

최근 우리나라에 메니페스토가 도입되면서 공약을 검정하는 기준이 많이 나와 있다. 학자나 단체에 따라서 다르지만 필자는 스마트지표를 추천한다. 스마트(SMART)지표란 공약의 구체성(Specific), 측정가능성(Measurable), 달성가능성(Available), 타당성(Relevant), 그리고 시간과 예산계획성(Money & Timed) 등을 나타내는 말이다. 그런데 요즘 공약을 보면 도저히 평가할 수 없는 한 줄짜리 공약 들이 많다. 참된 공약은 스마트지표를 만족 시켜 줄 때 가능할 것이다.

각종 여론조사에 의하면 아직도 후보가 누구인지, 공약이 무엇인지, 어떤 정당이 있는지 관심이 없고, 투표율이 50%대로 떨어질 것이란 전망이 나오고 있다. 하지만 나는 믿는다. 우리국민은 언제나 국가가 어려울 때 마다 투표를 통해 성숙한 결정을 내려줬듯이 이번에도 주위의 우려를 말끔히 씻고 위대한 국민의 힘을 보여 줄 것이라는 것을.....

난 히딩크형 후보자를 지지한다.

난 이번 직선 대전시 교육감선거에서 한국축구를 세계 4강으로 도약시킨 히딩크의 리더십을 가진 후보를 선택하고 싶다. 초반 '오대빵(5:0)감독' 이라는 불명예속에서도 선수들에게 필요한 체력보강을 최우선시 했던 그 안목, 특정 스타플레이어에 의존하지 않고 젊은 인재를 발굴·육성하여 종행무진 질주케 했던 그 지략, 끝까지 선수를 믿고 기다려 주었던 그 뚝심...

교육은 百年之大計라 했다. 우리 대전교육의 문제점을 간파하고, 특정지역과 특정학교에 국한하지 않고, 지역별로 색깔 있는 교육정책을 준비하고, 교육현장에 있는 주체들에게 믿음과 희망을 주는 그런 교육감이 누구인지 꼼꼼히 따져보고 투표할 것이다.

"無"선거 피해는 결국 유권자의 몫

이제 4•9총선이 보름 앞으로 바짝 다가 왔다. 그런데 이번 선거에는 국민도 없고 정책도 없이 후보자와 정당만 난립하는 형국이라 답답하다 못해 절망감마저 든다.

헌법 제1조 제2항에 '대한민국의 주권은 국민에게 있고, 모든 권력은 국민에게 나온다" 라고 명시되어 있듯이, 우리 대한민국은 민주주의 국가이자 민주주의가 정착된 국민소득 2만 불의 선진국가임에 재론의 여지가 없다. 그런데 지금 정치권에서 하는 행태를 보면 과연 이들이 국민들에게 주권이 있다고 생각하는지 묻고 싶을 따름이다.

필자는 최근 각 정당의 공천과정을 보면서 몇 가지 문제점과 개선방향을 생각해 보았다.

첫째, 각 정당의 공천에 원칙이 없다는 것이다. 개혁 공천이라는 이름하에 각 정당에서는 공천을 어느 정도 마무리 하고 있다. 그러나 공천과정을 면밀히 살펴보면, 우리나라 역사상 가장 퇴보한 공천이라는 것이 전문가들의 주된 평가이다. 공천기준이 모든 후보들에게 똑같은 잣대로 적용되어야 하지만 누구는 대통령의 형님이라 되고, 누구는 나이가 많아 안 되고, 누구는 누구 계파라 되고, 누구는 전과자라 안 되고 정말이지 엉망진창이다. 이번 공천을 한마디로 정의하자면 "무원칙· 계파 챙기기 공천" 이다. 어디서부터 엉켜진 실타래를 풀어야 할지 모르겠다. 하지만 분명한 것은 예외 없는 원칙적용만이 국민들을 실망시키지 않는다는 것이다.

둘째, 국민들에게 희망을 주는 정책이 없는 선거라는 것이다. 이번 총선 또한 국민들이 기대했던 매니페스토 정책선거가 아니라 바람선거 또는 네거티브 선거가 될 것 같다. 결국 국민들은 아무런 정책에 대한 비전을 알지 못한 채 투표장으로 가야 하는 꼴이 되고 말 것이다. 외국의 경우 그 지역에 국회의원이나 시장에 출마하려면 최소한 6개월 전에 공천이 끝나고 그 지역 유권자들에게 정책과 비전을 제시하여 심판을 받는다. 앞으로 우리나라도 공당이라면 최소 3개월 전에 공천을 끝내고 지역유권자들에게 다가가 정책과 비전을 전달하는 제도가 법제화 되어야 한다고 본다.

셋째, 결과에 승복하는 아름다움이 없다는 것이다. 최근 공천 탈락자들의 모습을 보면 우리사회가 결과에 승복하지 못하는 문화를 가지고 있다는 단면을 보는듯하여 씁쓸하다. 나아가 이들의 행태는 과거 이승만· 박정희 대통령처럼 개인숭배가 심했던 시절에도 보지 못했던 특정인을 지칭하는 모모연대라는 정당명을 사용한다고 한다. 3김 정치가 판을 치던 시대에도 YS당 이나 친DJ연대, JP당 이라는 당명은 없었다. 분명 특정인물을 지칭한 연대라는 것은 사당을 의미하며, 헌법 제8조 제2항의 ' 정당의 목적, 활동은 민주적이어야 하며...' 라는 규정에 반하는 행위라 보여 진다. 과연 이들이 국민의 선택을 받아 국회로 간다면 21세기 글로벌 시대를 살아가고 있는 국민들에게 민주주의를 실현하고 비전을 제시할 수 있는지 묻고 싶다.

끝으로 4·9총선을 눈앞에 두고 있는 시점에서 에이브러햄 링컨 대통령의 명언이 떠오른다. 국민의, 국민에 의한, 국민을 위한 정치(of the people, by the people, for the people)라는 말은 민주주의의 정신을 가장 간결하고 적절하게 나타낸 것으로서 유명하다.

이번 4.9총선을 성공적으로 치르기 위해서는 후보자들의 역할도 중요하지만 유권자들의 역할 또한 중요하다고 생각한다. 선거가 싫다고 정치가 싫다고 투표에 불참하는 것은 주인이기를 포기하는 것이나 다름없다. 의무를 다한 자만이 권리를 누릴 수 있는 것이다. 유권자들의 무관심 속에 공약도 없고 비전도 없다. 결국 손해는 국민들의 몫이다. 목마른 사람이 샘 판다는 말도 있듯이, 이런 어지러운 정치판을 바로잡는 것은 우리 유권자들의 몫이라는 걸 분명히 명심해야 한다.

2008. 3. 25. 중도일보 시사에세이

결국 매니페스토 정책선거는 유권자의 몫이다

이번 총선은 각 정당마다 공천과정이 늦어지면서 후보자들이 정책을 준비할 시간이 많지 않아 매니페스토 정책선거가 물 건너갔다는 우려의 목소리가 높다. 원래 국회의원을 희망하는 자는 자기가 사는 지역에서 오랜 기간을 살면서 그 지역에 필요한 정책이 무엇인가를 연구하고 개발하여 출마를 하는 것이 진정한 의미의 대의민주정치라 할 수 있을 것이다. 하지만 우리의 현실은 선거 보름 전 까지도 후보자와 공천지를 결정하지 못한 상황이 연출되다보니 좋은 공약을 기대하기란 사실상 불가능에 가깝다. 심지어 어떤 경우는 엉뚱한 지역에 공천되다보니 본인에게 본인이 투표권을 행사하지 못하고 타선거구에서 투표하는 상황까지 벌어지고 있으니 말해야 무엇 하겠는가.

공약은 공약다워야 한다. 우리나라에 지난 5.31지방선거를 계기로 매니페스토(manifesto)운동이 도입되어 정책선거를 지향하고 있다. 그런데 아직도 우리의 정치현실은 영국이나 일본과는 달리 매니페스토가 정착하기에는 정치수준이 너무 낮은 것 같다. 그런데도 불구하고 우리가 지속적으로 매니페스토 정책선거를 부르짖는 이유는 건전한 정책선거가 아니면 정치발전을 기대하기 어렵기 때문이다.

이제 선거가 일주일 앞으로 바짝 다가왔다. 많은 내용의 정책공약을 준비한 후보도 있겠지만 그렇지 않은 후보도 많다고 생각된다. 자칫 선거기간이 얼마 남지 않다보니 헛공약 막개발공약식의 공약이 넘쳐날 수 있다. 꼼꼼한 검증이 필요한데도 현실적·물리적으로 불가능한 상황이다.

이제 얼마 남지 않은 기간 동안, 공약검증은 철저하게 유권자의 몫인 것 같다. 공약이 공약으로서 가치를 가지려면 공약의 구체성(specific), 측정가능성(Measurable), 달성가능성(available), 정책의 타당성(relevant) 그리고 자금 및 시간 계획성(money and timed) 등의 조건을 갖추어야 한다. 따라서 유권자들은 제목만 있는 공약인지, 실현가능하고 타당성이 있는 공약인지를 잘 판단하여 후보자를 선택해야 한다. 무(無)공약, 헛공약의 피해는 결국 유권자의 몫이라는 걸 분명히 명심해야 할 것이다. 또한 의무(투표)를 행하지 않고 권리만을 주장하는 것은 대한민국 국민이기를 포기한 것과 다름없다는 것을 명심하고 투표에 꼭 참여하길 소망한다.

윤리·도덕지심을 바로 세워야 하는 이유

우리사회의 도덕적 해이와 윤리적 타락이 우려의 수준을 훨씬 넘어서고 있다. 이대로는 안 된다는 논의가 이곳저곳에서 제기되지만 뚜렷한 해결방안을 찾지 못하고 있는 현실 또한 문제가 아닐 수 없다.

폭력과 파괴, 도박, 입시부정, 권위의 상실, 인종차별, 가혹행위, 성적 조숙, 자기중심성 확대, 시민책임성 결여 등이 개인적 행태에서 찾아볼 수 있는 도덕적 파괴 양상들이다. 윤리적 타락의 예는 금수와 다를 바가 없어 차마 입을 열어 다 말할 수 없을 정도의 일들이 빈발하고 있다.

이런 개인주의(personalism)는 사람들로 하여금 지역사회, 교회, 가정, 국가와 같은 집단에 소속된 구성원으로서의 의무 이행보다는 자유로운 개인으로서 자신을 표현하고 완성하는 초점을 두게 만들었다. 이에 따라 주관적 자아, 개별 인간의 가치, 존엄성, 자율성 중시, 책임보다는 권리강조, 헌신보다 자유를 소중히 여기게 돼 이기주의가 싹트게 된 것이 공동체의 윤리와 도덕규범을 약화시킨 결과를 가져 왔다.

그간 시행해 온 학교의 가치교육도 문제의 하나이다. 학생들이 그들의 가치를 명료화하는 방법을 배울 수 있도록 도와주는 교육이어야 할 텐데 그렇지 못했던 것이다. 입시위주의 교육으로 인하여 수단과 방법을 가리지 않고 좋은 대학에 합격만 하면 될 뿐 윤리 도덕심, 인격의 형성과 같은 사치스러운 말은 아무런 의미가 없다는 사고가 팽배한 실정이다.

특히, 우리가 1997년 IMF외환위기 등 경제위기를 맞으면서 사회도처에서 도덕적 해이 사례가 빈발했고, 이에 대한 대응조치를 강구한 일이 있다. 그러나 전혀 실효를 거두지 못했다.

한 사람의 실수도 용납, 용서, 포용되지 않는 사회도 문제다. 병들면 죽어야 하고, 사업에 실패하면 헐벗어야 하며, 정권에서 물러나면 형무소로 가야 하는가 하면, 돈 없으면 왕따 당하는 등의 현실은 '인본주의', '공동체주의'에 맞지 않는다.

반면 한 사람의 잘못도 고쳐지지 않는다. 지역, 혈연, 학연끼리 자리를 돌봐 주고, 전관예우의 이유 때문에 사법정의도 무너지고, 관직을 돈으로 보며, 국민을 봉으로 보는 것은 정의의 원칙에 맞지 않는다. 나아가 하나의 정책, 법, 제도도 문제해결 장치가 되지 못한다. 이제 정직하고 타인을 잘 보살피며, 책임감 있는 사람을 만들기 위해 실제로 쓸 수 있는 방법을 강구해야 한다.

가치교육과 도덕교육이 더불어 시행될 때에 '도덕적 가치교육'이라 볼 수 있다. 유덕한 시민이 있을 때에만 한 나라가 제대로 존립할 수 있다는 것은 경험을 통해 깨달은 깊은 신념들이다. 도덕적 법률이 있을 때에만 시민들은 자유로운 정부를 존속시켜 나갈 수 있다는 것을 우리는 역사를 통해 통감하고 있는 바이다.

일찍이 아리스토텔레스도 "사람은 자연적으로 혹은 우연히 도덕적으로 탁월해지거나 실천적으로 현명한 사람이 되는 것이 아니다. 사람은 생애에 걸친 개인적, 집단적 노력의 결과로써만 그런 사람이 될 수 있다” 고 지적한 바 있다.

우리 모두가 윤리, 도덕지심을 바로 세우기 위해 큰 노력을 경주하지 않으면 안 되는 이유가 바로 여기에 있다 할 것이다.

2005. 4. 20. 중도일보 상아탑 칼럼

바람직한 19대 대선이 되려면

헌법재판소의 박근혜 대통령 탄핵 인용과 함께 헌법의 규정대로 19대 대통령 선거 일정이 시작됐다. 5월 9일 치러질 이번 대선은 그동안 촛불민심과 태극기민심에서 드러났듯이 그 어느 때보다도 국론이 분열되고 갈등구조 속에서 치러지는 선거로 그 중요성은 말로 다할 수 없을 것이다. 어떻게 하면 국론을 다시 하나로 뭉칠 것인가? 어떻게 하면 서로의 대립구도를 청산하고 상생의 길을 열 것인가? 어떻게 하면 꺼져가는 경제의 희망과 통일의 희망을 살릴 것인가를 고민하고 그 역할에 적합한 인물을 선택하는 데 초점이 맞춰진 선거라 할 수 있다. 그런데 각 당 후보들은 이런 대선의 의미를 망각한 채 아직도 정책선거보다는 후보자 개인의 흠집 찾기와 세력 간의 과거사 공방 등 네거티브에만 주력하는 양상을 보이고 있어 한심하기 짝이 없다.

선거 때마다 반복되는 네거티브 전략의 강세는 왜 일어나는 것일까? 그것은 아마도 긍정적인 메시지보다 부정적인 메시지에 더 크게 반응하는 유권자들의 심리 행태를 이용하는 계산된 악의와 보수의 정책노선이 전반적으로 좌클릭 되면서 진보 · 보수 진영의 정책적 차별성이 줄어든 것에서 원인을 찾아볼 수 있을 것이다. 이러한 이유 때문에 이번 대선에서도 네거티브 선거가 포지티브 선거로 전환되는 것을 기대하기는 어렵겠다는 생각이 든다. 하지만 선거에 참여하고 있는 구성원들이 스스로 조금씩만 노력한다면 불가능한 일도 아닐 것이다.

첫째, 정부는 엄정한 선거관리를 위한 결의 표명으로 국민이 편안한 마음으로 선거에 임할 수 있도록 해줘야 한다. 최근 개봉된 영화 '더플랜' 으로 국민의 심경이 혼란스럽기 때문에라도 더욱 그러하다. 호메로스의 고전인 '오디세이아' 에 나오는 오디세우스는 귀향을 위한 항해 도중 '세이레네스' 라는 요정들의 노랫소리에 유혹을 느끼지 않기 위해 자신의 몸을 밧줄로 묶었다고 한다. 왜냐하면 유혹을 받아 요정들의 섬으로 가면 죽음밖에 기다리는 것이 없기 때문이다. 지금 정부는 바로 이 오디세우스를 본받아야 한다.

둘째, 후보자는 시대정신에 맞는 올바른 비전과 공약을 제시해야 한다. 한 국가 최고지도자의 책무는 어떠한 경우든 국민에게 꿈과 희망의 비전을 제시하는 것이다. 그래서 플라톤은 일찍이 최고지도자들의 '방향 제시' 기능을 강조했고, 카알라일은 그러한 지도자들을 시대의 '빛' 이라 했다. 또한 후보들은 꼼수를 부려 상대를 제압하려는 자세에서 벗어나 정정당당하게 정책으로 승부해야 한다. 지금부터라도 구호가 아닌 구체적인 정책 내용을 내놓는 데 힘을 쏟아야 한다.

셋째, 언론매체와 시민사회단체는 중립적 입장에서 선거에 임해야 한다. 언론매체의 위력은 지금까지의 선거과정에서 보았듯이 선거 흐름을 완전히 바꿀 수 있는 막대한 힘을 갖고 있다. 어떤 이들은 네거티브 선거의 원인이 일부(?) 언론매체라고 비판하는 목소리도 있는 만큼 언론매체는 큰 사명을 갖고 공정하고 포지티브한 정책선거를 이끄는

파수꾼의 역할을 다해야 할 것이다. 특히 종편 개국으로 방송매체가 풍부해지고 다양성을 띠고 있는 작금의 현실에 이들은 선거에 중대한 영향을 미칠 수 있기에 관련 보도에 신중에 신중을 기해야 한다. 시민사회 단체는 바쁜 국민을 위해 후보자들의 정책을 사전에 분석하고 평가해 올바른 정보를 국민에게 제공하고, 공정선거를 위한 감시자의 역할도 해야 할 것이다. 그러나 최근 일부 몇몇 시민단체 대표나 활동가들의 특정 후보 편들기는 객관성이 생명인 시민단체의 얼굴에 먹칠을 하는 꼴이 되고 있다. 만약 그런 단체의 대표가 존재한다면 그 단체들은 이번 선거에서 어떤 활동이든 빠져주길 바란다.

마지막으로 유권자들은 적극적인 관심과 참여로 참주인의 의무를 다해야 한다. 이번 선거를 통해 뽑아야 하는 후보는 국민의 바람을 알고, 국민을 위해 희생할 수 있어야 할 것이다. 따라서 그동안 보였던 유권자들의 지나친 겸손의 자세(?)에서 벗어나 제대로 국민을 섬길 수 있고 국민을 위해 희생을 각오한 상머슴을 선택한다는 자세로 선거에 임했으면 하는 바람이다. 결국 선거는 유권자가 우리의 미래를 선택하는 것이고, 내 인생을 선택하는 것이다.

2017. 5. 1. 금강일보 특별기고

대통령 인수위원회에 바란다

이번 대통령선거의 특징은 선거 초반부터 정치개혁과 경제민주화라는 큰 이슈에 매몰되면서 제대로 된 정책검증과정이 없었다는 것이다. 또한 종편들의 활약덕분에(?) 지방에서 지역문제를 주제로 선거방송한 번 하지 못하고 끝나 버렸다. 40여년만의 과반이상으로 최다득표한 대통령, 최초의 여성대통령이라는 흥미로운 결과 속에서도 이렇듯 이번 대선에서 지방은 철저히 무시되었던 것이다.

주지하는 바와 같이 지방자치가 부활된 지 20여년이 지났다. 그동안 법과 제도측면에서는 많은 진전을 보인 것이 사실이다. 그러나 지방자치 성패의 가장 큰 핵심이라고 할 수 있는 재정분권은 전혀 이루어지지 못하고 있어 지방에선 현재 실질적인 자치는 사라지고 무늬만 자치를 하고 있다는 평이 많다. 일부 자치단체에서는 지방정치의 부패와 자치단체장의 선심성 예산낭비 등으로 더욱더 지방을 어렵게 만들고 있다.

이제 새 정부 5년의 밑그림을 그릴 18대 대통령직인수위원회가 본격적으로 활동에 들어간다. 이번에 구성된 인수위원회는 규모는 작지만 이상보다는 현실적인 감각을 가진 사람들이 많이 발탁되면서 실무형위원회라는 평가를 받고 있다. 앞으로 5년 동안의 통치방향과 기조 정책의 우선순위 결정 등이 인수위 활동에 달렸다고 해도 과언이 아니다. 바로 이것이 인수위의 활동에 국민들이 주목하고 있는 이유이다.

필자는 지방자치를 연구하는 학자로서 대통령직인수위원회에 다음 몇 가지 지방 살리기 방안을 제안하고자 한다.

먼저, 인수위는 이명박 정부에서 지지부진한 지방분권정책에 대한 실용적인 대안을 마련해야 한다. 이를 위해서는 국회에 상설의 지방분권 특위를 설치함과 동시에 정부도 자문기구인 지방분권촉진위원회에 시민사회와 지방자치단체가 추동된 형태의 실질적인 개편이 필요하다.

특히 인수위는 아사 직전에 있는 지방자치단체의 재정상황을 파악하고 지역회생과 진정한 지방자치가 될 수 있는 재정분권 로드맵을 제시하여야 한다. 재정분권은 규모변화보다는 구조적 변화에 초점을 두어야 하며, 우선적으로 국세의 지방세 이양을 통해 근본적 재정확충 및 자율성을 증대하여야 한다. 지방세 강화를 위해서는 재산과제 중심의 지방세원을 소득 및 소비세원으로 확대해야 한다. 또한 현재 자치단체의 재정부담을 가중시킬 수 있는 복지관련 분야의 중앙과 지방의 재정분담시스템을 개선하여 지방의 고통을 덜어줘야 한다.

둘째, 인수위는 자치제도의 합리적 구축을 위한 지방분권형 헌법개정에 관한 로드맵도 제시해야 한다. 즉 헌법의 지방자치에 관한 규정에 지방분권과 지방자치권에 대한 규정을 명문화하고, 지방자치단체의 조례제정범위를 '법령에 위반되지 않는 범위 안에서'로 개정하는 방안과 현재 학계에서 논의되고 있는 지역대표형 국회 상원제 도입에 관해서도 뚜렷한 입장을 제시할 필요가 있다.

셋째, 인수위는 중앙정부부처의 조정과 함께 자치계층 및 자치구역

조정에 관한 내용도 로드맵을 제시해야 한다. 1413년의 8도제를 근간으로 하는 현 지방행정체제는 탄력성 부족에 따른 문제점 등이 지적되고 있어 어떤 식으로든 변화가 요구된다. 특히 이것을 통해서 국가발전의 가장 큰 장애요소라 할 수 있는 지역주의를 타파하고 합리적인 규모의 행정을 이룩하여 지방의 경쟁력을 키워야 할 것이다.

이제 국민의 눈과 귀가 대통령 당선인과 인수위원회에 쏠리고 있다. 왜냐하면 앞으로 5년 동안 박근혜 정부의 성패는 물론 국민들의 삶의 성패가 달려있기 때문이다. 50여일의 활동기간이 길게 느껴질 수 있겠지만 역대정부 인수위의 경험을 보면 정말 짧은 기간이라 할 수 있다. 따라서 인수위는 점령군의 행세, 과거정부에 대한 무조건적 비판, 그리고 설익은 정책의 양산 등을 통해 시간을 허비해서는 안 된다. 지금은 역지사지의 입장에서 그리고 지방의 입장에서 현상을 바라보고 그것의 방향을 찾는 노력이 중요하다. 왜냐하면 그것이 박근혜 당선인이 그토록 추구하던 국민대통합의 시작이기 때문이다.

2013. 1. 6. 중도일보 기고

지금부터의 공천이 총선 성패 가른다

4·11총선을 40여일 앞둔 상황에서 각 정당마다 공천작업에 한창이다. 정당의 모양과 색깔은 다르지만 공천과정은 비슷한 스타일로 진행되고 있는 것이 이번 선거의 특징이다.

여야가 마련한 공천기준 또한 그러하다. 새누리당은 총선 및 대선기여 잠재력, 지역주민의 신망 및 당선 가능성, 정책입안능력, 도덕성과 참신성 등을, 민주당은 도덕성, 정체성, 후보적합도 및 경쟁력 등을 기준으로 삼고 현역의원에 대해서는 공천사상 처음으로 의원들 간의 다면평가를 반영한다는 것이다.

주요 정당이 1차적으로 후보를 선정하여 발표했다. 단수신청지역이거나 중량감 있는 인물을 대상으로 우선 발표한 것인데, 현역의원들이 대부분을 차지하고 있다. 지금까지의 공천대상지역의 확정은 대부분의 사람들이 예상했던 것이다. 문제는 지금부터 다음 달 중순까지 이어질 공천과정이고, 그 결과가 이번 총선과 대선은 물론이고, 대한민국 정치발전에 큰 영향을 줄 수 있는 변수로 작용할 것이다.

그렇기에 각 정당은 최대한 공정한 잣대로 평가하고 국민의 눈높이에 맞는 공천 모습을 보일 때 국민들로부터 지지와 성원을 받을 수 있을 것이다. 따라서 필자는 그동안의 풍부한 경험을 바탕으로 최소한의 자격요건을 몇 가지 제시해보고자 한다.

첫째, 정당에 적합한 인물을 인선해야 한다. 우리나라는 정당정치를 하는 국가다. 총선 후 19대 국회가 구성되면 대부분의 활동은 개인적 소신보다는 정당 차원에서의 대응이 대부분이다. 이기는 것이 아무리 급하고 중요하다고 해서 월드컵에 부정선수를 내보낼 수 없듯이 경제민주화를 정강정책으로 내세우면서 재벌옹호를 선호했던 사람을 공천해서는 안 된다.

둘째, 진정성 없는 유력인사의 무조건적인 공천은 금해야 한다. 우리는 종종 화려한 경력을 내세워 마치 전리품 수집하듯 의기양양 선거에 나서는 인물에 대해서 무비판적으로 수용하는 우를 범하는 경우가 많았다. 그 결과 국민들은 그들의 개인적 출세의 발판이 되거나 영달 퍼레이드의 관중으로 전락되는 일이 발생하지 않도록 해야 한다.

셋째, 의정 성적을 철저히 따져서 공천해야 한다. 지난 18대 국회는 여야가 정쟁으로 날을 세우면서 폭력사태가 끊이지 않았고, 예산안 법정시한을 어기기 일쑤였고, 입법생산성도 매우 낮았다. 반면 세비 인상이나 지역구 예산 챙기기에는 선수들이었다. 따라서 폭력에 앞장섰던 자, 뇌물수수를 비롯한 각종 부정비리에 연루된 자, 이익단체에 휘둘려 국민의 편익을 외면했던 인사는 탈락시켜야 한다.

넷째, 국민과의 소통을 외면하는 자는 공천하지 말아야 한다. SNS를 통한 선거운동 규제가 풀리면서 젊은 유권자들의 직접민주주의 방식의 정치참여가 정착될 전망이기에 이에 대응할 수 있는 인물을 선택해야 한다. 최소한 스스로 트위터나 페이스북 정도는 자유롭게 이용할 수 있어야 한다는 것이다.

다섯째, 국민의 기본적인 의무를 회피한 사람과 인성이 부족한 사람은 공천하지 말아야 한다. 가장 대표적인 국민의 기본의무 불이행자는 정당한 합법적 근거 없이 병역과 납세 의무를 다하지 않은 자다. 또한 시정잡배보다 못한 인품을 소지한자와 상습적으로 탈법・불법을 일삼는 전과자는 어떠한 경우라도 정치무대에 서게 해서는 안 될 것이다.

마지막으로 이미지 공천은 피해야 한다. 애써 마련한 원칙이나 기준과는 별도로 국민들의 시선을 끌기 위한 이벤트성 후보 선정은 신중히 생각할 필요가 있다. 각 전문영역에서 열심히 살고 있는 그분들을 국회 원숭이로 만들어 정치를 희화화(戱畵化) 하는 결과를 만들 수도 있기 때문이다.

과거 선거가 전 정부의 실정을 심판하는 선거였다면 올해의 선거는 미래에 대한 기대를 실현할 수 있는 정치세력을 선택하는 선거가 될 것이고, 기존의 이념과 지역 대결에 세대・계층 간 갈등까지 가세하면서 선거정쟁이 다양화될 가능성이 높다. 이런 시대적 흐름에 맞는 후보를 선택하는 것이 정당의 할 일이고, 국가발전에 초석을 다지는 것일 것이다. 이제 꼼수의 세상은 지나갔다.

2012. 2. 28. 중도일보 시사에세이

정치개혁논의, 지금이 적기다

4•9총선이 끝난 지 2주가 됐다. 지난주까지만 해도 온 나라가 정치제도와 정치문화에 대한 비판에 힘을 얻어 정치개혁에 대한 논의로 시끄러웠다. 그러나 2주가 지난 지금, 정치개혁에 대한 목소리는 언제 냈는가 싶을 정도로 관심에서 멀어지는 듯 해 안타깝기 그지없다. 또 다시 한국인 특유의 냄비근성을 단적으로 보여주는 사례가 아닌가 싶다. 세상의 모든 것에는 다 때가 있는 법이다. 우리나라 정치가 그동안 같은 구태를 반복하는 것은 적절한 때에 정치개혁에 대한 논의와 개선이 이뤄지지 않았기 때문이다.

필자는 모든 국민이 공감하고 있고, 국회를 떠나는 자와 새롭게 입성하는 자가 부담 없는 지금이 우리 정치개혁의 가장 적정한 시기라고 생각한다. 따라서 정치권과 학계 그리고 언론과 시민사회가 앞장서 정치개혁을 위한 담론의 장을 마련하고 실천해주길 바란다.

이번 4•9총선은 우리나라 정치의 문제점과 개선방향을 잘 파악할 수 있는 풍부한 소스를 제공하였다고 판단된다. 따라서 필자는 이번 선거과정에서 파악된 문제점을 중심으로 정치개혁에 대한 담론의 방향을 몇 가지 제시하고자 한다.

첫째, 정당정치의 제도화를 위한 방안이 마련돼야 한다. 정당이란 국민의 마음을 잘 파악해 그것을 정책화하고, 그 정책들을 중심으로 정권창출을 목적으로 하는 것이다. 따라서 정당의 중심은 국민이어야 하고, 그것은 특정기관의 목적을 위해 탄생해서도 존재해서도 안 된다는 것이다. 이번 선거에서는 정당 속에 철저히 국민이 배제되어 있었으며, 그 결과 하향식'전략'계파공천이 판을 치고 코미디에서나 볼 수 있는 정당도 등장했다. 따라서 정당의 창당시기와 명분확보(친박연대와 같은 명분결여 정당), 각 당 후보선출의 최소요구시기 규정(최소 3개월 전), 그리고 전략공천의 제한(지역대표성을 감안 최소 1년 이상 거주자) 등의 내용이 담긴 정당법과 공직선거법등의 개정논의가 이루어 져야 한다.

둘째, 국민의 합리적인 선택을 담보할 수 있는 제도화가 필요하다. 이번 선거의 또 다른 특징은 후보자가 제공한 자료를 통한 검증만 가능할 뿐 객관적인 절차와 방법을 통한 후보검증이 어려웠다는 것이다. 따라서 적절한 후보자 및 정책검증 위해서는 선거방송의 강제화가 필요하다. 방송사는 방송사대로 흥행을 위해 격전지역 만을 대상으로 삼고 있어 방송편중현상이 심하고, 일부 후보자는 개인적인 목적으로 선거방송을 거부하는 사례가 급증하고 있어 이에 대한 강제조항이 선거법에 포함되어야 한다.

셋째, 40%대의 저조한 투표율을 개선할 수 있는 다양한 방안을 모색해야 한다. 투표율 저조의 원인은 정치권의 정치행태도 문제지만 국민들의 정치의식결여도 문제라고 생각한다. 따라서 단기적인 차원에서 계획적, 의도적으로 투표율을 높이는 식의 강제처방보다는 시민들의 정치적

토론과 참여의 능력을 향상시킬 수 있는 적극적인 민주시민교육이 필요하고, 이는 선관위와 학계가 주가 되어 진행하면 좋을 듯싶다.

마지막으로 올바른 비례대표제를 위한 조치가 선행돼야 한다. 요즘 비례대표가 아니라 비밀대표라는 말이 나돌고 있다. 비례대표제의 도입 목적은 소선거구제의 단점을 보완하고, 국회의 전문성을 높이기 위한 것이다. 따라서 현재와 같이 돈으로 매점매석하고 논공행상(論功行賞)의 수단으로 운영되는 비례대표제를 철저한 사전검증을 통해 올바른 사람이 소수를 대표하고, 전문가가 국회의 전문성을 보충할 수 있는 제도로 탈바꿈해야 할 것이다.

정치개혁은 쉽지 않은 일이다. 세상의 무슨 일이든 효율성을 위해서는 시기가 중요하다. 필자는 지금이 정치개혁의 적기라고 생각한다. 왜냐하면 우리는 지금 지난 총선을 통해 우리정치의 문제점과 나아갈 방향에 대해서 너무도 잘 알고 있기 때문이다. 또한 낙선자나 당선자의 이해관계가 가장 적은 시기이기 때문이다. 정치가 발전해야 경제가 성장하고 국민이 행복해 진다는 말이 있다. 2008년 5월이 경제성장과 국민행복의 출발점이 되길 희망해 본다.

2008. 4. 22. 중도일보 시사에세이

참! 좋은 교육감 선택하기

오는 12월 17일은 대전교육사상 처음으로 시민들의 직선에 의해 교육감을 선출하는 날이다. 선거가 얼마 남지 않은 요즘, 거리에는 후보자를 알리는 현수막과 홍보물 그리고 후보를 응원하는 자원봉사자들로 분주한 모습이다. 후보들은 나름대로 독특한 방법으로 유권자들을 찾아다니며 한 표를 호소하고 있다.

이번에 우리가 뽑을 직선 대전시 교육감은 대전시의 교육 및 학예에 관한 사무를 대표하는 사람으로 11,200여명의 교직원 인사권과 1조 2,600억 원의 예산집행권을 갖는 등 지역교육전반에 대한 책임자로서 막중한 업무를 담당한다.

그런데도 불구하고 그동안 우리지역 뿐만 아니라 타 지역에서 교육감들이 부정과 부패 등으로 중도에 하차하는 경우가 많았다. 현재 충청남도의 경우도 최근에 당선된 직선교육감이 선거법 위반으로 기소되어 부교육감이 업무를 대행하고 있는 상황이다. 천문학적인 선거비용을 들여 치러진 직선교육감선거가 후보자들의 부정과 부패로 인한 낭비는 그나마도 어려운 교육재정을 더욱 힘들게 하고 있다.

따라서 타 지역의 교훈을 거울삼아 금번에 치러지는 직선 대전교육감 선거는 시민들의 바람과 열망을 충실히 실행할 바른 후보를 선택해야 할 것인데, 그러기 위해서는 다음과 같은 조건들을 꼼꼼히 점검하고 투표에 임해야 할 것이다.

첫째, 대전시 교육감에 걸 맞는 교육철학을 갖춘 후보를 선택해야 한다. 뚜렷한 철학 없이 시류에 편승하는 후보는 백년대계라 할 수 있는 교육수장으로 부적합하다. 따라서 소신과 원칙 그리고 강한 비전을 가진 후보를 선택해야 한다.

둘째, 매니페스토(Manifesto : 참공약 선택하기)운동을 실현하는 후보를 선택해야 한다. 선거에 당선되기 위해 후보들은 많은 공약들을 남발하여 유권자들을 현혹시키는 경우가 많다. 보름정도의 짧은 기간에 그 공약들이 참인지 거짓인지를 구분하기란 쉽지가 않다. 그래서 대부분의 경우, 학연·지연·혈연과 같은 연고주의에 기대어 자신의 권리를 행사한다. 매니페스토란 후보자가 사업의 우선순위와 사업의 목적과 착수 및 완성 시기, 예산 확보 방법 등 구체적인 공약을 제시했는지 꼼꼼히 비교해 본 뒤 투표하는 것이다.

셋째, 그동안 후보자의 구체적인 실적을 검토하여 선택해야 한다. 실제로 검증되지 않은 지도자는 실패할 가능성이 높다. 말만 앞세우는 후보 보다는 그동안 자신이 이룩한 업적을 가진 후보를 선택해야 한다. 히딩크가 대한민국의 축구를 세계 4강에 올려놓은 것도 그가 가진 경험 때문이었다.

넷째, 고소·고발 등 소송으로부터 자유롭고 법 앞에 하자가 없는 후보를 선택해야 한다. 만약 선거 후 실형이 선고되면 또 다시 선거를 치러야 하기 때문에 법 앞에 더 나아가 도덕적으로 깨끗하고 흠이 없는 후보를 선택해야 한다.

다섯째, 소위 교육감 병에 걸리지 않은 사람을 선택해야 한다. 지방자치 이후 선거 때만 되면 출마하는 사람이 있다. 물론 출마하는 것은 자유지만 몇 번 시민들로부터 지지를 받지 못한 사람이 계속해서 출마하는 것은 지나친 욕심에서 비롯된 것이다. 교육은 욕심으로 되는 것이 아니고 그동안의 실적과 충분한 계획 그리고 강인한 추진력이 뒷받침되어야 한다고 생각 된다.

지금 우리 앞엔 "양질의 학교급식을 통한 학생 개개인의 학력 신장"을 주장하는 김명세 후보(전 만년고 교장), "인성과 학력이 조화를 이룬 으뜸 교육을 주장" 하는 김신호 후보(현 교육감), "효를 바탕으로 하는 강한 대전교육" 을 주장하는 오원균 후보(전 우송고 교장), 그리고 "사교육이 필요 없는 공교육 강화와 무료급식" 을 주장하는 이명주 후보(공주대 교수)가 있다.

네 명의 후보 중 위에서 제시한 다섯 가지에 가장 적합한 후보가 누구인지 이제부터 꼼꼼히 따져보고 투표해야 한다. 왜냐하면 누가 교육감이 되느냐가 우리가 그토록 소중히 여기는 자녀들의 삶과 대전교육의 백년대계가 직결되기 때문이다. 세계에서 가장 높은 교육열을 이제 투표율로 보여주어야 한다. 왜냐하면 교육자치의 성패는 시민들의 소중한 손에 달려 있기 때문이다.

2008. 12. 9 중도일보 시사에세이

성공적인 직선제 대전교육감 선거의 조건

12월 17일은 우리지역 교육정책을 책임지는 직선제 대전시 교육감을 선출하는 날이다. 그런데 필자(배재대 자치여론연구소)가 최근 대전 시민 500명을 대상으로 조사한 결과를 보면 대전 시민 12.6%만이 이번 선거에 관심을 보이고 있으며, 꼭 투표하겠다는 유권자는 겨우 14.4%에 그치고 있어 걱정이 아닐 수 없다.

직선제 교육감 선거가 실시된 2007년 이후 여덟 번의 교육감 선거에서 대통령 선거와 같이 치러진 울산(64.6%)·충북(61.3%)·경남(64.1%)·제주도(60.9%)의 결과는 양호한 편이나, 이번 대전시 교육감 선거와 같이 단독으로 치러진 경우 그 투표율은 부산(15.3%)·충남(17.2%)·전북(21%)·서울(15.5%) 등으로 평균 17.2%로 매우 낮게 나타났다.

이상의 결과를 감안할 때, 금번 직선제 대전시 교육감 선거의 투표율도 10%대에 머물 것 이라는 예측을 가능케 한다. 낮은 투표율은 주민대표성의 문제와 직결되는 것이고 이는 교육자치에 대한 불신으로 연결될 수 있다는 점에서 특단의 조치와 확실한 노력이 필요하다.

어떻게 하면 교육감 선거의 투표율을 올릴 수 있을까? 이에 대한 해법은 시민들의 교육감 선거에 대한 낮은 관심도의 원인을 파악하는 데서 시작하는 것이 좋을 듯싶다.

필자가 조사한 바에 따르면, 응답자의 절반 이상이 "홍보가 부족해서(30.1%), 잘 알지 못해서(26.5%)" 라고 응답하고 있다. 즉 홍보의 부족이 낮은 관심도의 원인이라고 판단된다. 사실 그동안 선거관리위원회에서는 투표율을 향상시키기 위해 각종 광고 및 이벤트 시행, 투표시간 연장, 인센티브제 운영 등 많은 노력을 기울여왔지만, 아직까지 시민들의 피부에는 와 닿지 않은 것 같다. 선거관리위원회 혼자의 노력만으로는 생업에 바쁜 시민들의 관심을 끌기에 역부족이라는 생각이다. 이는 교육행정을 하는 교육청, 선거에 출마하는 후보자, 지역의 여론을 이끌어 가는 전문가, 그리고 지역의 주인인 시민 등 지역구성원들의 협력과 노력이 합쳐질 때 가능할 것이다.

먼저 대전시 교육청은 선거법이 저촉되지 않는 범위에서 대전교육의 현안과 정책적 이슈 등을 중심으로 시민들과 학부모들의 관심을 촉발시킬 수 있는 내용들을 공개하고, 교육자치의 중요성에 대한 홍보를 해야 할 것이다. 무엇보다 교육감이 어떤 일을 하고 어떤 권한을 가지고 있는 지, 교육감이 지역의 교육정책에 얼마나 중요한 역할을 하는 지에 관한 내용을 주민들이 알기 쉽게 설명하는 노력이 필요하다.

선거에 출마하는 후보자들은 정책중심의 매니페스토선거가 될 수 있도록 노력하고, 현실적인 공약개발에 중점을 두어야 한다. 직선제 이후 충남도 교육감과 서울시 교육감을 포함해 전국의 시·도 교육감 여러 명이 선거법위반으로 중도하차하거나 검찰수사를 받고 있다. 이제 우리사회는 정보통신의 발달과 시민의식의 성숙으로 불법선거는 반드시 심판받게 되어 있다. 후보자들은 정정당당하게 지역교육비전에 관한 정책(사교육비절감, 인성교육, 동서 간 교육격차해소 등)으로 승부하는 것만이 유일한 길이라는 걸 알아야 한다.

지역의 여론을 주도하는 전문가(학계·언론인·NGO)들은 지역교육의 비선과 정책방향을 논의하고 개발하여 교육행정이 올바른 방향으로 나아가고, 금 번 직선제 대전시 교육감 선거가 정책선거가 될 수 있도록 역할을 다 해야 할 것이다. 지역사회에서 전문가로 대접받는 것은 지역을 위해 봉사 할 때만이 가능한 것이다. 그런 의미에서 오늘(26일) 지역전문가들의 참여 속에 배재대학교 21C관 콘서트홀에서 「직선 대전광역시교육감 선거와 매니페스토」라는 주제로 열리는 정책세미나는 큰 의미가 있다고 하겠다.

마지막으로 대전시민은 우리를 대신하여 11,200여명의 교직원 인사권과 1조 2,600억원의 예산집행권을 갖는 대전시 교육감 선거에 적극 참여하여 교육참정권을 행사해야 할 것이다. 교육은 백년지대계(百年之大計)라 했다. 지역발전과 우리의 성공적인 미래를 위해서라도 꼼꼼이 따져보고 투표에 임하는 성숙하고 위대한 선택이 요구되는 시점이다.

2008. 11. 25. 중도일보 시사에세이

(야당은) 불리한 입장에서 출발하기 때문에 그것을 만회하고
또, 단기간 내 효과를 볼 수 있는 네거티브 전략으로 대응하는..

대전시장 선거, 판세는?

데미 워크숍 및 수료

제6회 유권자의 날 기념 강연콘테스트 나는 대한민국 유권자다

〈저자소개〉

최호택(崔鎬澤)

약력

▣ 대학 경력

영국 Manchester Metropolitan University 행정학박사

배재대학교 행정학과 교수

배재대학교 자치여론연구소 소장

배재대학교 법무·행정대학원 원장(역)

배재대학교 국제교류처 처장(역)

배재대학교 대외협력처 처장(역)

美 University of Delaware 방문교수(역)

中 웨이팡공정직업학원 명예교수

▣ 학회 경력

(사)한국공공행정학회 회장(역)

(사)한국행정학회 상임이사(역)

(사)한국정책학회 부회장(역)

(사)서울행정학회 부회장(역)

(사)한국지방자치학회 부회장(역)

(사)한국지방자치학회 6.4 지방선거특별위원회 위원(역)

(사)한국콘텐츠학회 부회장/상임고문/학술위원회 위원

(사)한국국정관리학회 감사(역)

(사)한국인사행정학회 이사(역)
배재대학교 미래정치아카데미 원장(역)
한국의정연수원 원장
한국자치경영연수원 원장
ESG Global College 학장
대전세종연구원 연구자문위원

■ 중앙정부 경력
대통령소속 지방자치발전위원회 위원(2기)
대통령직속 민주평화통일자문회의 자문위원
국무총리실, 정부업무평가위원회 평가전문위원
대한민국 국회 입법고시 출제위원
외무부 외무고시 최종면접위원
행정안전부, 자치단체 정부합동평가단 단장
행정안전부, 지방자치균형위원회 위원장
행정안전부, 미래지향적 행정체제개편 자문위원회 위원
행정안전부, 지방의회 우수사례 경진대회 심사위원(2024~)
행정안전부, 지방재정위기 관리위원회 위원
행정안전부 지방자치발전포럼 미래전략분과 위원
행정안전부, 지방자치인재개발원 보통징계위원회 위원
안전행정부 정부 3.0 민간자문단 위원
행정안전부 세종특별자치시 행정구역 조정위원회 위원
행정자치부 지방행정혁신 평가위원(역)
법무부 대전지방교정청 승진심사 위원
법무부 대전지방교정청 정책자문위원 / 보통징계위원회 위원

법무부, 치료감호소 고충심사위원회 위원
환경부, 화학물질안전원, 정보공개심의회 위원
인사혁신처 국가고시 시험위원
국민안전처 재난 및 안전관리사업 평가자문위원회 위원
문화재청 자체평가위원회 위원
국가유산청 자체평가위원회 위원
병무청 자체평가위원회 위원
병무청 병역명문가 심사위원회 위원
통계청 국가통계위원회 위원
조달청 나라장터 평가위원회 위원
산림청 국립수목원장 선발심사위원 위원
특허청, 갈등관리심의위원회 위원장
특허청 인사검증위원회 위원
국세청, 인사검증위원회 위원
중소기업청 대전충남지방사무소 정보공개심의위원회 심의위원
시청자미디어재단 대전시청자미디어센터 발전협의회 위원장(2023~2026)
연구개발특구진흥재단 정보공개심의회 위원
우정사업본부 정보공개심의회 위원

▣ 지방정부 경력
전국시·도의회 의장협의회 정책자문위원(부위원장)
전국시·군·자치구의회의장단협의회 정책자문위원
전국시장군수구청장 협의회 정책자문위원
충청권 특별지방자치단체준비위원회 위원(2023~2024)
대전충남 행정통합 민관협의체 위원(2024)

대전광역시 정책자문위원회 위원장(2023~2025)
대전광역시 출자·출연기관 운영심의위원회 의원
대전광역시 녹색성장위원회 자문위원
대전광역시 도시철도 2호선 민관정위원회 위원(역)
대전광역시 인사위원회 위원
대전광역시 선거구 증설 6자 협의체 위원
대전광역시 지방분권협의회 위원
대전광역시 예산성과금 심사위원회 위원
대전광역시 출자·출연기관 운영심의위원회 의원
대전광역시 용역심의위원회 위원
대전광역시 소방공무원 고충심사위원회 위원
대전광역시 지방인재개발원 교육훈련심의위원회 위원
대전광역시의회 자문위원
대전광역시 의정비 심의위원회 위원
대전광역시 서구 인사위원회 위원
대전광역시 서구 지역균형발전위원회 위원
대전광역시 서구 의정비 심의위원회 위원장
대전광역시 서구 지역정보화위원회 위원
대전광역시 서구 민원조정위원회 위원
대전광역시 서구의회 공무국외여행심의위원회 위원장
대전광역시 서구의회 자문위원
대전서구의회, 의회를 사랑하는 사람들 자문위원
대전광역시 대덕구 지방재정계획 심의위원회 위원
대전광역시 대덕구 보조금 관리위원회 위원장
대전광역시 유성구 중기지방재정계획 심의위원

충청남도 자체평가위원회 위원
충청남도 자치경찰위원회 위원(초대)
충청남도 재정계획 및 재정공시심의 위원회 위원
충청남도의회 의회의원 행동강령 운영자문위원회 위원
충청남도 서산시 정책자문위원회 위원(2023~2026)
충청남도 계룡시 인사위원회 의원(2023~)
충청남도 계룡시 정책자문위원회 위원장
충청남도 지방공무원교육원 외래교수
충청남도 논산시 인사위원회 위원
충청남도 홍성군의회 입법고문
충청남도 서천군 인사위원회 위원
충청남도 서천군 정책자문단 부단장
충청남도 서천군 규제개혁위원회 위원장
충청남도 금산군 정책자문교수단 위원
충청남도 서산시 정책자문위원회 의원(2023~)
충청남도 아산시 정책기획자문단 자문위원회
충청북도 미래자문단 위원
충청북도 공무원교육원 외래교수
충청북도 옥천군 정책기획단 위원
광주광역시 교육청 지방공무원 5급 승진임용 평가위원
전라북도 「정부3.0 선도과제」 컨설팅 위원
전라북도 공무원교육원 외래교수
전라북도 무주군 자체평가위원회 위원
전라북도 장수군 자치단체장 공약 평가 위원
전라북도 장수군 민선7기 인수위원회 위원

대전광역시 교육청 혁신평가 단장
대전광역시 교육청 예산성과금 심사위원회 위원
대전지방경찰청 정책자문위원
대전 중부경찰서 경미범죄 심사위원

▣ 시민사회단체 경력
Haiti(시티솔레이)와 Dominican Republic 의료 및 구제선교(2010)
세종문화원, 세종시민대학 학장(역)
대전도시농업포럼 상임공동대표
한국매니페스토 실천본부 시민 매니페스토만들기 대전본부장
대전참여자치시민연대 집행위원(역)
대전환경운동연합 회원
우리동네가게 살리기 운동본부 자문위원
(사)한자녀 더 갖기 운동연합 대전서구지부 자문위원
대전도시안전포럼 위원
국제라이온스협회 356-13지구 연수원 교수위원

▣ 언론방송 경력
KBS [생생토론] / 뉴스7 [대담한대담] 고정출연
MBC 선거방송(대선, 총선, 지방선거) 사회자
MBC 생방송 [이브닝특급]- 한주간 정가이슈(역)
MBC [시대공감]- 한주간 정치행정뉴스(역)
TJB 뉴스큐레이터 [시선] 고정출연
KBS MBC TJB CBS CMB 정치 및 시사평론가
CMB 대전방송 「최호택의 토크 3.0」 진행자(역)

CBS 대전방송「최호택 교수의 이슈분석」진행자(역)
TBN대전교통방송, 최호택교수의 IT´S대전, 진행자(역)
대전일보, 중도일보, 충청투데이, 금강일보, 중부매일 칼럼리스트
금강일보 독자권익위원회 위원(역)
중도일보 독자권익위원회 위원(역)

▣ 저서
지방자치 이슈로 풀다, 배재대학교 출판부, 2018.
한국지방자치 발전과제와 미래, 박영사, 2016.(공저)
시와 낭만이 있는 유등천이야기, 이화, 2015.
(객관식) 타겟 행정학, 대영문화사, 2015.(공저)
한국지방자치의 이해, 박영사, 2008.(공저)
재난관리론, 도서출판 대영문화사, 2006.(공저)
참여정부 인사개혁의 현황과 과제, 나남출판, 2005.(공저)
한국지방자치재정론, 도서출판 제이비컴, 2003.(공저)
행정학개론, 도서출판 제이비컴, 2003.(공저)
지방자치행정론, 도서출판 직지, 2002.(공저)
Intergovernmental Fiscal Relations in South Korea, 예맥출판사, 2000.

▣ 수상실적
대한민국정부 홍조근정훈장(2020)
행정자치부 장관상(2005)
대전광역시 시장 표창장(2022)